L1

LLYFR GLAS EURIG

Eurig Salisbury

Cyhoeddiadau Barddas
2008

ⓗ Eurig Salisbury

Argraffiad cyntaf: 2008

ISBN 978-1-906396-09-1

Cyhoeddwyd gyda chymorth ariannol
Cyngor Llyfrau Cymru.

Cyhoeddwyd gan Gyhoeddiadau Barddas

Argraffwyd gan Wasg Dinefwr, Llandybïe

Mae rhai o'r cerddi ar glawr fan hyn:
Crap ar Farddoni, *Stwff y Stomp 2*, *Cerddi Cyfiawnder* (Gwasg
Carreg Gwalch); *Cyfres Cerddi Fan Hyn* (Gwasg Gomer);
Doniau Disglair 2006 a *2007* (yr Urdd); *Cyfansoddiadau a*
Beirniadaethau Eisteddfod Genedlaethol Eryri a'r Cyffiniau 2005;
Barddas; *Taliesin*; *Tu Chwith*; *Golwg*; *cynghanedd.com*.

CYNNWYS

CRÔL CLERA

Iolo Goch o'r coleg wyf,
Sychedig wepsych ydwyf,
Wyf ar daith, o far deuthum,
Teithio bar a bar y bûm
A rhyw addo gwyro'n gall,
Er yn hwyr, i un arall.

Wyf ar daith i far dethol,
Wyf regwr rhwydd, wyf ar grôl,
Un ymysg y cwmni medd,
Un ymysg y cymysgedd,
Ond un uwch ei diwn o hyd,
Rhy llafar i'r lleill hefyd.

Gwelaf luoedd yn bloeddio,
Un *i'r gad!* a *here we go*.
Ai Iolo Groch lager wyf?
Proffwydwr pur ryff ydwyf,
Gwelaf heddlu drwy'r du'n dod,
Gwelaf fois yn glaf isod.

A ŵyr neb yn wyneb nos
A yw dewrion diaros
Y crowd iau, a'u seiliau'n sarn,
Y crowd ifanc o'r dafarn,
Yn obaith i'r anwybod?
Rhyddid bardd yw dweud eu bod.

Y LLEW DU

Llew Du, lluest
Iest.

Llew Du, lle da iawn
Yn y pnawn.

Llew Du, hallt iawn,
Ciniawn.

Llew Du, llwyd iawn
Onid awn.

Llew Du, lle da iawn,
Llawn.

MYRDDIN 2

Nawr galwodd hwnnw, arglwydd y Ddinas,
Ar ddynion doethion yr hen gymdeithas –
'Paham mae wal fy mhalas, – er cadarn,
Heddiw'n dri darn, ddoe'n dŷ i'r deyrnas?'

Ac aeth y rhai doeth, y gweithwyr dethol,
Am dro i fyfyrio'n ymarferol,
A daeth un hen, doeth yn ôl – 'Bai'r ifanc!
Bai nwyd yr ifanc!' ebe'n hydrefol.

A daeth rhywrai doeth, o hir, hir deithio,
O hyd i rywun, gelyn y'i galwo,
Rhywun iau ei eiriau o – yn estyn
Her ei ddawns ei hun i'r Ddinas honno –

'Sylwch, chi surbwch, mae'r sêr
Yn ifanc, fel cynifer
O feini'n flin ac yn flêr!

Dyfalwch, pam adfeilion?
Dyma'r achos bob noson –
Dawns islaw dan seiliau hon.

Clywch heno rwygo dreigiau'n
Diweddu'r gaer, dwy ddraig iau
Yn ymyrryd â'ch muriau.

Clowch ddrws chwap! Clywch ddryswch iau
Ar draws y mur a'r drysau
Yn drais coch ar bob drws cau.

Rhag draig wen, rhag drygioni,
Rhag dwyn ein hawr, gwaedwn ni,
Ni yw'r ddraig rwydd ei rhegi.'

Y DRE',

a ninnau'n ddeunaw
Danlli wyllt, sy'n estyn llaw,
Yn sigâr, yn hanner sgwrs,
Yn wên fyglyd, yn faglwrs
Mas o'r Queens cyn amser cau,
Yn fysedd, yn wefusau,
Yn bunt am beint, ym mhob iaith
Yn fudur, yn dafodiaith,
Yn gymar fyddar, feddw
Rhyw lyfu hir 'ai lyf iŵ',
Yn air twp ac yn sgert dynn,
Yn chwydu, yn falch wedyn.

NOSON MAS

Es i mas i ymosod
Ar y bar mewn hyder bod
Yn Aber rywle rhyw un
Neu ddwy'n reit rwydd i'w hennyn.

Cyrraedd y dre, cerdded rownd,
Cyn hir yn llyncu nawrownd,
Clecio shot, cael cash eto,
Cwyno'r tâl cyn ei roi 'to.

Actio'n cŵl ar y Dooleys,
Gwylio'n slei (heb wglo'n slîs)
Ar y naill dor yn y Llew Du
I'r llall (gwada'r llygadu

Os cei dy ddal, gofala),
Tybed a oes ateb da
I wên neis gan ferch eisoes –
Dim syndod im os nad oes.

Cael fy nal yn fy malog,
Basin o bis yn y bog,
A'r peint, oi, bron deirpunt, *Eh?*
Yn deir . . .?, yf lan chan, dere!

Ff— ciw, laff cyn y clyb
Yn limbo'r Angel (henbyb)
Cyn i mewn, *Eh? Come-on-was!*
Duh! Come on y cwd! Cic mas.

Am y tro, eto, rhof i
Yn chwyrn fy ngwarchae arni.
O'r dre â 'nghamau'n rhy drwm
Fe drof adref i fedrwm.

PA ŴR YW'R PORTHOR?

O'm blaen mae boi o blaned – wahanol,
    Bownser hen a chaled,
    A minnau heb lemwnêd
    Yn y gwter yn gweitied.

Pa ŵr yw hwn? Wel, o ran pryd – a gwedd
    Ni bu gwaeth o'r cynfyd
    Mewn dôr nad yw'n agoryd,
    Glewlwyd Gafaelfawr mawr, mud.

Why the wait? ar ôl meitin – ymholais
    Yn fardd mawl ar bafin.
    Oy, if you all hate waitin'
    Why ask? No one's goin' in.

Clywn y tu ôl i'r clown tew – lenwi'r aer,
    Teimlwn wres o'r dudew
    A golau'n siŵr, gwelwn siew
    A thir lledrith o'r llwydrew.

I'm a poet . . . I bet! ebe hwn, – *prove-it.*
    Ac fel prifardd, canwn:
    Bouncer, pray, answer this prune,
    You're a tiger, ategwn,

A leader of drunk ladies – a giant
    Who's jaw moves on hinges,
    Concierge of the ledges,
    A bear in care of the keys,

My mate, permit a poor man – to enter
        Your tent, sef ei hafan,
    Turn the door before your fan
    Freezes like some fresh Friesian!

Chwarddodd, wiblodd a woblo – am eiliad,
        A'r bardd mawl oedd wrtho'n
    Weited, cyn gofyn eto,
    Can I? Well mate, can I? No.

BORE WEDYN

Nid yw'r strancian na'r canu'n amharchus
I'r merched a hefru
Na gwên stêl y Guinness du'n
Baradwys bore wedyn.

Y FFÎAR!

Yn fy nhŷ rwy'n ofn aros,
Ond yn fy nhŷ dan ofn nos
Yr un fath er hyn wyf i,
Yn dal croes fel diawl cresi
Wrth aros rhyw rith arall,
Sgwod o fwystfilod y Fall!
Glyw di'r sŵn? Maen nhw'n fy nhŷ
Neu'n troedio'r to, rwy'n taeru!
Dacw un! Dewch i lunio
Baricêd rhag bîr y co' . . .
Cyn gweld mai ffars yw'r arswyd –
Lafa-lamp mewn lolfa lwyd.

NEUADD PANTYCELYN

(yn ddeg ar hugain oed)

Yn dri deg mae'r anrhegion
Yn o sad yn ôl y sôn.
Travel clocks a socs o'r sêl,
Stwff glanhau a dau dywel,
Myg lle bu jyg a *jogging*
Shoes a *blues* lle bu *bling-bling*.

Yn adeg y dyledion
Heneiddiodd hi'r neuadd hon.
Yn oedran codi gwydrau
I diwn nad yw'n mynd yn iau,
A yw'n amser i gerrynt
Iach y sîn barchuso'i hynt?

Ydio ddiawl! Nid rhyw gawlio
Mae Panty na cholli'i cho',
Nid yw Nawr yn mynd yn hen,
Ni ddaw neuadd ein hawen
I'w hoed-'i byth tra ceidw'r
Presennol llethol ei llw.

Oni chlywch o wal uchel
Y Ffynnon ni'r dynion del
Yn canu'n llac yn ein llys?
Canu am fory'n farus
A chanu coch yn y Cwm
Fu'r llys Dilys ers talwm.

Ni all rheol ffôl na ffi
Na'r un pwyllgor cynghori
Noddi neuadd ddiniwed
I'r rhain ar lawr neu ar led.
Adeilad i wehilion,
Noddi hwyl mae'r neuadd hon.

Cwyd, pan ddaw Derec wedyn,
Cwyd yn blaen o'i flaen fel hyn –
Cwyd fys o boced y Fall,
Cwyd fys hir, cwyd fys arall,
A chwyd y ddau uwch dy ddwrn
Ac ysgwyd croen ac asgwrn!

Ond efe ni wêl dy fys
Oni weiddi'n gyhoeddus
Blydi hel! o'th blaid dy hun
Ac o blaid y cwbl wedyn.
Os cwd, cwd ifanc ydwyf,
Cyfiawnhau y cyfan wyf.

Yn Sycharth, os yw achos
Owain yn oer, os yw'r nos
Yn Aberffraw yn dawel –
Mae llu ym Mhanty'n ymhel!
Beth yw tranc? Ifanc yw'r co'
Presennol parhaus yno.

Neuadd gre', ddigri yw hon,
Neuadd, ogof o ddigon,
Neu fil o glyd ogofâu
Yn ei labrinth o lwybrau,
A thyrau braf ei hafiaith
Yw tyrau aur geto'r iaith.

Ond nawdd od y neuadd hon,
Neuadd lwyd o ddyledion,
Yw bod ei holl aelodau
 dim i'w wneud ond mwynhau.
Nid tŷ nad un heb ei do,
Nid byd, byd heb libido!

Yn nydd rhifo'r neuaddau
A rhoi rhif ar werth parhau,
Yn nydd dy enwi o hyd
Yn ifanc eto hefyd,
Os dydd dy barchuso di,
Deg ar hugain dy grogi!

I GOLEGAU Y LAGER

I golegau y lager
A'r mwynhau hir mae un her,
Un gân yn rheg yn yr iaith,
Rheg o Aber, a gobaith
Am a haeddom o addysg
Yn Gymraeg mwy, rheg ymysg
Pwyllgorau pell y grŵp hŷn,
Rhegi'r creigiau o'r cregyn.

AR YMDDEOLIAD IS-GANGHELLOR

Daw i ben gyfnodau byd
Namyn hanes mewn ennyd,
A daw i ben eleni
Dy holl gyfnod hynod di.
Ym mhen yr hewl y mae'n rhaid
I *hasbeen* gael ei ysbaid.

Llefain fu brain Aber ers
Dy fyned, a dy faner
Sy'n *half-mast* ar y castell
(Yn wir, bu felly ymhell
Cyn iti gyhoeddi'r gwaeth)
A'r môr yn drwm o hiraeth.

Mae yn Aber y werin
O d'achos andros o sîn.
Ar y Gymraeg y mae'r ha'
Yn llwm a thywyll yma.
Yn Gymraeg y mae'r rhegi
Yn dangos o d'achos di.

Os yw ein lleisiau o hyd
Yn groch a choch eu hiechyd
Gan boer, i ti mae'r diolch,
Daw hyn i gyd yn y golch
Yn lân, mor lân eleni
 dy drowsus steilus di.

Er gwaetha'r ha' (fflipin ec)
A'i oerwynt rwyt ti, Derec,
Yn tanio – rhaid bod hinon
Yr iaith yn dan ar dy gro'n.
Ti'r ego dros y trigain,
Barwn *bronze* o Gefnbryn-brain.

Daw i ben gyfnodau byd
Namyn hanes mewn ennyd,
A daw i ben eleni
Dy holl gyfnod hynod di,
Dod i ben, ond nid i ball,
Diwedd era, dydd arall.

I CAT DAF
(Llywydd UMCA 2003-4)

Gwranda Catrin, er inni
Eirio'n hallt ac er i ni
Odli'n groes a dadlau'n gry'
Am Walia, hir fu'r malu,
Rhwng odl ac odl mae dadlau
Ym mhen celt yn miniocáu;
Ni edy nerth ein dweud ni
Un gair segur, os hogi.
Ond wedi hogi'n digon
Bardd ydi bardd yn y bôn;
Troi o far hwyr, troi o fri
Y lager, ar ôl hogi
Cyllell ei bwnc, yw lle bardd,
Yn gelfydd fel Rhyng-golfardd
Lle bardd yw callio a bod
Yn fardd difyr rhwydd-dafod,
Lle hwn yw cywain y llu
Acenion er mwyn canu'i
Bennill e i benllywydd
A seinio'i sŵn, hynny sydd
O araith bardd wrth y bar
Ar ôl yfed, ar lafar.

Gall fy ngenau dadleuol
Ei moli hi heb ddim lol.
Ti ydi cri ein *street-cred*
Yn nhafarn y Llew'n yfed,
Off dy ben 'rôl drafft o bîr,
O'i cho', mae'n seico'n sicir,
Wyt y *piss-ed* hapusaf
O Bonti i Deifi, Cat Daf,
Y *crazy* Cat mewn crys côr,
Y Sab sy' byth yn sobor.

Ti fu'r set fwya' ar y sîn
Garismatig ers meitin,
Â larwm drwm d'orymdaith
Ti y *morale* twym ar waith
Yn dringo drwy y rhengoedd,
I'r bobol hŷn yn rhoi bloedd,
Ac yn dy floedd gyhoeddus
Bu'r iaith yn cyhoeddi brys
Ei chlychau rhwng clustiau clo
Byddinoedd heb ddihuno:
Cymry ifanc amryfal
I'r Gymru wag ei *morale*.

I DAI JONES MBE

Yn ring y sioe, rhwng y sied
A'r gwair, ar dir agored
Y cylch hen cylchai yno
Fel rhyw ddelw, darw dof.

Tarw mawr, trwm ei arian,
Ei fola lawr a'i wddf lan,
A'r fodrwy'n ei drwyn yn driw
I waedd ei feistri heddiw.

Cylchai nes ei arwain nôl
Yn fwyn ddof, yn oddefol,
Cyn troi'r ffrwyn a'i gyflwyno
Yn ei fraint i ladd-dai'r fro.

25

BRYN GLAS
(22 Mehefin 1402)

Dychmygwch, dewch . . . mwg, chwd, oes,
Ac ias – mae golwg eisoes
Ar y lle cyn i'r lluoedd
Ganlyn fel un yr un floedd.
Ffyn ac estyll, bwyyll bach
A mawr, a rhai llym, hirach.

Dychmygwch, dewch am egwyl
Heddiw i'w weld, ddydd ei ŵyl . . .
Owain, fel hen ddyhead
Ymysg gwŷr, a maes y gad
O'i flaen yn wyryf o las,
Rhyw un darn o'r hen deyrnas.

Lawr o'r maes ar lawer min,
Heddiw, mae lleisiau byddin.
Ffau cyllyll a phicellau,
Llafn Sais fel llif yn nesáu.
Gwŷr y Mers, gweryru meirch,
Dyrnu daear yn dyweirch.

Gwarchae ei wae mae Owain
A'i gledd yng ngwegil y wain –
Pwy heddiw sy'n driw i'r drin,
Heddiw feiddiai y fyddin
A Mortimer at y maes
Yn ei hanfon i'r henfaes?

Daeth rhai ar daith yr awen
Yn null beirdd, eraill i ben
Y bryn i wynebu'r her,
Nid o orfod – o arfer.

Ai mintai lai wêl Owain
Neu agen wag yn y wain?

Dônt at faner wŷr herw,
Daw Owain i'w harwain nhw.
Dychmygwch, dewch, magwch dân
Yn eich enaid eich hunan . . .
Ac mae'r cesig yn siglo
Daear o dan ei draed o.

PUM CASTELL

IONAWR 1283

Be' sydd o Ddolwyddelan
Heno i'w weld heibio'r tân?
Ardudwy, Mynwy a Môn
Yn llifo i'r pellafion.
Eifionydd welaf innau
O stafell mewn castell cau,
Mewn castell sy'n bell o'r byd,
Llynedd o gastell ennyd.

Hwn yw'r castell sydd bellach
Yn llosgi'n gyfewin fach,
A thrwy'r hafn dyma ddafnau
O wreichion gwynion yn gwau,
Dafnau o Glwyd, o Fôn glaf
Ac o Wynedd, y gwynnaf,
A dônt ataf mewn stafell
Yng Nghymru lle bu o bell
Forynion llafar unwaith
Yn suo gân is eu gwaith,
Suo gân i'r T'wysog gynt.

Yma rŵan mae'r rhewynt
Yn storm yn fy ffenest i,
Yn gryg daw'r huddyg drwyddi,
A lle bu i Gymru'n gân,
Be' sydd dros Ddolwyddelan?
Arogl awyr i'w glywed,
Daear losg yn mynd ar led.

HAF 1323

Yn nerfus, o Gaernarfon, – dros y dŵr
   Isod ar orwelion
  Yn gul o fawr, gwelaf Fôn.

A gwyliaf y trigolion – islaw, draw,
   Mewn stryd yn ymryson,
  Yn giwed o bryfed, bron.

Wyf fyddar i'r llefarwr, – yn Gymraeg
   Mae'r rhain yn creu cynnwr',
  Ond hyn a wyliaf o'r tŵr.

Anghyflawn yw fy nghyflwr, – gwrando sôn
   Ymylon mae milwr,
  A gwrando Cymro 'mhob cwr.

Mae'r hewlydd noeth yn poethi – ond tacteg
   Y garreg yw oeri,
  Hafn saeth yw fy newis i.

Gwelaf Fôn fel gylfinir, – a gwelaf
   Fel gwylan ar bentir
  Ynys lai, bwrpasol, hir.

O furiau Harlech gwelaf wŷr irlas
Yn troi i gampio'n y tir o gwmpas,
Ond gwarchae heb wae nac ias – yw'r un mau,
Y môr yn donnau sy'n hamro'n dinas!

Boddwn ein syched yn ddiasbedain
Hyd nes bydd yn nhir Eryri rywrai'n
Dal i yfed y lefain – melysaf
Gan faich ei gynhaeaf i fechgyn Owain.

O f'ynys olau'r wyf innau'n sylwi,
Ym merw'r sŵn, nad ydyn nhw na ni
Yn arfer gweld baneri'r – brodorion
O Aberaeron i grib Eryri.

Cyffyrdd fyrdd yng Nghaerfyrddin
Yn boddi dan draed byddin,
Tyrfa'n darogan y drin.

Byw'r mab nad yw'n adnabod
Ei dwrw? Mae dihirod
Glyndŵr, y gelyn, yn dod.

'Mae mil yn Abergwili!'
'Ffrynt hwy yn Nyffryn Tywi!'
Dal ffin Caerfyrddin rwyf i.

Sŵn rhyfel ar orwelion,
Tywi dan dyrau tewion,
Yn fy llaw y fwyell hon.

Mewn twr tolciog arfogaf,
O ffenest amddiffynnaf
Y gaer, a chyflog a gaf.

Ar y mur didosturi
A diamod rhaid imi
Amddiffyn fy nherfyn i.

GWANWYN 2005

Mae'n dawel yng Nghydweli
A chastell braf welaf i.
Dydd di-wynt o dywydd da,
Mainc, caffi a maen coffa.

Fe'i gwelaf gyntaf ar gam,
Acw, drwy gamra Nicam.
Saethu toc o gael ffocws,
Cael heb helynt ei lun tlws.

A gwelaf y maen yn haen ohoni,
Gwenllian, a'i maes yn llaes amdani,
Y maes agored, amwys ei gewri,
Y maes dan arswyd dulwyd Cydweli,
Ond gweld hanes drwy ffenestri eilaidd
Wnaf i'n Normanaidd o fynnu'r meini.

Codi a chroesi yn iach, arhosaf,
Cerdded i mewn yn ewn heb ddim anaf,
O syllu'n ôl yn unsill, anelaf
At y mur twym, am mai o'r tu yma,
Fel arfer, y cymeraf – fy lluniau,
Nid ar y waliau mae'r frwydr a welaf.

Ond heddiw'n real drwy adwy'r waliau
Gwelaf Wenllian glaf yn ei lliwiau,
Â sŵn gwahanol i'r Saeson gynnau
Daw i ymosod – y mae ei heisiau!
Ac o'r sîn gwelaf innau, – ar fy llw,
Y Cymry meirw yn camu'r muriau.

YN Y BAE

(Eisteddfod yr Urdd, 2005)

Yn y bae mae bwhwman
Uchel hen gythrel y gân
Yn cwato rhwng y corau
Hynach a bach yn y bae.

Yn y bae daw rhai o bell
Eleni i weld amlinell
Un adeilad â'i olau
Yn denu byd yn y bae.

Yn y bae mae rhai'n sbïo
Ar ryfeddod od ei do,
Ac eraill ar y geiriau
Hwythau yn boeth yn y bae.

Hwn yw'r bae dan warchae'n hiaith,
Seiliwyd y ddinas eilwaith,
A chyffro iach ei pharêd
Yw byw'n urban i'w harbed.

CYWYDD Y CWIFF

Nos Galan es allan i
Gaerdydd ac, oered oedd-hi,
Es mewn crys main, y crys 'ma,
Gwisgwn sent ges gan Santa,
Ac yn fy ngwallt tywalltais
Botel o jel *energise*.

Mowldiwn a sgylptiwn â sgìl
I fwng agos fy ngwegil,
A chodi'r cwiff yn stiff stond,
Mawrgwiff uchelstiff, chwilstond,
Ac wedi tri chwarter awr
Yr own Ventura enfawr.

Cyrraedd rhyw byb, cwrdd â'r bois,
Cyn camu'n un fel confoi
Siaradus i waredu
Dros y dre a duo'r stryd,
Brain unsain ar gyrch unswydd
Am lond bar o adar rhwydd,
A gwelsom far cymharol
Low-key yn llawn alcohol,
Ond un clîc dan haenau clòs
Porthorion twp. Wrth aros
Am awr o dan bennau moel
Rhyw ddau gawr enfawr, penfoel,
Codai un mewn jaced dynn
O'i *sidewalk* yn reit sydyn:

In you go, gan bwyntio bawd,
But you, stop there, ebe'r brawd
O slob, *no roosters allowed*.

Atseiniodd ei fêt syne
Dros yr Ais, *yeah, nice one Ed!*
Ai Ed-die Izzard ydoedd?
Ai *stand up* o'r West End oedd?
Ai'r *comedian* o 'mlan-i'n
Y jaced dynn oedd Jack Dee?

Meddyliais am ei ddiawlio
Yn y stryd a'i dagu, do,
Ond tu ôl i'r hen dwat hwn
Yn gymylog mi welwn
Res wisgis dros ei ysgwydd,
A llond bar o adar rhwydd.

Oedais, gwenais yn gynnil
A rhoi llam o gam drwy gil
Y drws. Roedd adar isod
Yn y bar ac wedi bod
Ers hir yn aros Eurig
Yn y man i chwarae mig.

Nesawn at un i'w swyno . . .
Oedais, a gwrandewais, do,
Arni hi yn dweud wrth un
O'i hadar hithau wedyn:

Pwy ddiawl yw'r bachan howlin
Pen mwng? Ma'n fflipin mingin!
Pwy yw'r boi? Simp hairy, obsîn.

Ai fi oedd gwrthrych y ferch?
Na! Es yna i annerch . . .

Watcha mas, ma fe'n paso!
Ebe'r llall, un gall, ond go
Swnllyd 'fyd. *Gwed, ath-e? Do.*

Sidestepiais. Dewis dipyn
Gwell, ie llawer gwell, ac un
A wnes i yn ddawnus iawn
Ar garlam mewn bar gorlawn.

Mae gan epa deimlade
Er cynddrwg ei olwg e,
Mae i'r bwch gafr hyllaf fron
Ac i geiliog ei galon.
I *rooster* yn ei dristyd
Nid yw o bwys wawdio byd,
Gwell rhagor yw cyngor cu
Ei gyfeillion, ac felly,
Annwyl wrandawyr hynod,
Pwy sy'n gadarn ei farn fod
Y cwiff yn sgym? Pwy yma
Sy'n dweud fod e'n syniad da?

So, heno, dwedwn ninnau
Y caiff bri y cwiff barhau,
Er gwaetha'r diffyg caru
A'r llond bar o adar hy!

So, heno, dwedwn ninnau
Y caiff rhwysg y cwiff fyrhau
I wella'r diffyg caru,
Caf lond bar o adar hy!

M.S.P. YN Y C.I.A.

O adwyau Coed-duon – hedfanodd
   I dy fenig cochion
Aderyn du. Ei roi'n dôn – ar dannau
   Hirdenau d'alawon
Wnest ti, anwesu â dwrn – ei adain
   Yn nodyn a'i asgwrn
Yn riff, agor a phigo'i – goluddion
   Hirion a'u consurio,
Ei wasgu'n dynn a'i dynnu – o'r awyr
   Eang i'w gordeddu
Ar gordiau rhwyg, ar y drwm – a'r bas hir,
   A byw sŵn y gorthrwm,
Dwyn o donau dadeni – dy gitâr
   Gatarrh y gwteri,
Ei ladd yn hael a'i ddwyn e – i'r ddaear
   Dduach mas o'r gwagle,
Cyn oedi ei gân cnawd-ac-ewinedd
I wrando'r 'deryn du roed i orwedd
Yn dofi ar edafedd – acwstig
   O'i bluo'n fiwsig â blaen ei fysedd.

UN DIWRNOD OER YN Y DE

Un diwrnod oer yn y de
  Ar hewl yn mynd i rywle
Roedd dyn yn cerdded yno
  Ar daith at ei gariad o.

Uwch ei ben yn chwibanu
  Roedd hen wynt yn hyrddio'n hy,
Hen wynt yn creu cerrynt cas,
  Cerrynt oer, corwynt eirias.

Credai'r gwynt y gallai gael
  Yr ifanc ar ei drafael
I dynnu'i gôt amdano,
  Tynnu ei gôt yn un *go*.

Dweud 'lol!' a dal ei goler
  Wnaeth y dyn – roedd hynny'n her!
Tynnu'r gôt o enau'r gwynt,
  Taro 'mlaen trwy'r mileinwynt.

Druan â'r gwynt – dyrnai'r gŵr
  O bob ochor fel bachwr,
Ond y cryfaf ei afael
  Oedd y gŵr – methodd ei gael.

Tawedog fu'r gwynt wedyn,
  Pwdodd, gadawodd y dyn,
Ac aeth yntau'n goesau i gyd
  O'i afael yn falch hefyd.

Ond ymhen dim dyma'n dod
  Haul poeth iawn, haul paith hynod,
A heb greu strach nac achwyn
  Tynnodd ei gôt yn ddi-gŵyn.

AR Y BANNAU

Tra oedd y corwynt a'i ru yn y bwlch
Uwchben wrthi'n casglu
Cryn doll o borth y Corn Du
Bu'r hindda'n Aberhonddu.

CYWYDD CROESO EISTEDDFOD YR URDD SIR GÂR 2007

(ar y cyd â Hywel Griffiths)

Mae Sir Gâr yn gyfarwydd
I bobol hen ac ŵyn blwydd,
Hel ei hŵyn mae eleni,
Hel yn ôl i'w chorlan hi
Y rhai bach at gwr y banc
A phrofi'r cyffur ifanc.

A'r ŵyn hŷn sy'n cario nod
Y miri yn amharod –
Cewch ran o'r llwyfan llafar
Gan sioe ar gae yn Sir Gâr,
A hafan i anghofio
Blinderau arddegau ddo'.

I ninnau bu lleisiau'r lli
Yn rhy dawel ar Dywi.
Dŵr rhy uchel i'w drechu
Sy'n llawnach bellach lle bu,
A lle bu'r alaw'n dawel
Dyma glamp o amp i'w weld!

Yn llawn sŵn anwylwn ni'r
Tant o ewyn y Tywi,
Cyflwr y dŵr yw Cerdd Dant
Ei glafoeriog lifeiriant,
Sir Gâr yw'r cysur gorau,
Gras Sir Gâr i'r sarrug iau.

Heriwn yr hen ddihareb,
Daw'n Heol Awst yn hewl wleb,
Rhown fwyell yn y gelli,
Llifwn ein holl lwyfan ni,
Boddwn hi, a bydd yn un
Ein strydoedd is dŵr wedyn.

Y GWAIR

Arogli haul ar y gwlith – un bore
    Ar beiriant mawr, lletchwith.
   Heibio'r hwd mae perci brith
   Llangynog yn llawn gwenith.

Mae ym mherfedd cae Morfa'r – holl drefnu
    Draed hy pedwar teiar
   Yn derfysg od ar faes sgwâr,
   Arogl llwch ar gae llachar.

Pob peiriant yna'n tynnu – cwys am gwys
    I'w gesail, cywasgu
   O lwyth i lwyth a phlethu
   Tannau croes y cortyn cry'.

O'r aceri eu cario'n – bynnau aur
    Bob yn ail, dadlwytho
   O gylla tyn a'r gwellt heno'n
   Pontio i'w top yn y to.

Cyd-eistedd yn niwedd prynhawn, – y gwair
    A'r gorwel yn gyflawn,
   Dan y llwch y siediau'n llawn
   A than eurwlith yn orlawn.

I YSGOL BRO MYRDDIN

Bu dihareb y derw'n troi erioed
Yn y trai a'r llanw,
Ond mae pren gwerth ei enw
Yn byw yn hir, ebe nhw.

MEDI

A hithau'n amser troi y rhod
Â'r teulu oll a chanu clod
I roi yr haf lle dylai fod
    I'w briod le,
Rwyf innau eto'n mynd a dod
    Rhwng gwlad a thre.

Ac er mai crwt o'r pentre wy'
Pan ddof yn ôl o lefydd mwy
Aiff crytiau cryfion eraill drwy
    Y bwlch i'r maes,
A chlywaf eu gorymdaith hwy
    Yn llifo'n llaes.

Pan edy'r meibion wedi hir
Lafurio'r combein, ar y tir
Wrth gwt y cnwd sy'n bentwr ir
    A thew ei fwng,
Nid erys dim ond awyr glir
    A blewyn blwng.

Caf innau hefyd ddiodde her
Yr haf pan ddywed hwnnw 'Cer
Di bant i lawr yr heol fer
    O'r caeau maeth',
Rwy'n teimlo balchder erddynt, er
    Nad fi a'u gwnaeth.

WALDO

Pwy oedd hwn? yw cwestiwn cudd
Y meidrol yma a'i edrydd
Ym Mhreseli'r gwmnïaeth
Ac ymysg ei gaeau maeth,
Pwy oedd hwn na haeddwn ni
Breswylio'n ei Breseli?

I ddechrau, gall, fe allwn
Ofyn i ddyn, pwy oedd hwn?
Mae atebion digonol
Ystrydeb yn ateb nôl –
Heddychiaeth, brawdoliaeth, do,
Bu anwyldeb yn Waldo.

Ond tawed 'strydeb wedyn
I glywed dysg Waldo'i hun,
Gŵr i'w ddysg y rhoddodd o
Groen ac asgwrn i'w gwisgo.
Aeth yn flaenaf ei safiad
A rhoes ei lên dros ei wlad.

Y weithred a'i ddywedyd,
Y gwneud a'i ganu o hyd
Fu ei gred er hawsed oedd
Mwynhau hedd y mynyddoedd,
Ond dewisodd ddiodde'r
Yrfa faith a'r drofa fer.

MWNT

Nid yw cyrchfan ond hanes
A'i tyn ei hun ato'n nes,
Hanes yn dwyn ei swnd o
Hwnt i'w gei tuag ato,
Yn dwyn ennyd o'n heinioes
I greu traeth yn gartre' oes.

I'r Mwnt y tu hwnt i'r tir
Yr es, lle nid arhosir,
Lawr hualau'r heolydd
At ddibyn y rhimyn rhydd,
Mwnt i'r dim yn y trai dwys,
Mwnt a'i rimyn tir amwys.

O weld wal ei dawelwch
Yn bell iawn dan wyneb llwch,
Am y cyntaf arafwn,
Gael a chael, at wyngalch hwn,
Bwrw ar wib ar ei ôl
Nes ei aros a'i eiriol.

Cyrraedd heb awydd curo
Ar y ddôr i'w agor o,
Dim ond credu haeru'r ha',
Dim ond amau nad yma
Yw'r fan i greu terfynau
Am y tro, tra eto'n iau.

Awn o'r fan cyn i hanes
Ein tynnu ni ato'n nes,
Hanes yn dwyn ei swnd o
Hwnt i'w gei tuag ato,
Yn dwyn ennyd o'n heinioes
Y tu hwnt i'r Mwnt am oes.

PLWM PWDIN

(D. Jacob Davies)

Â hi'n adeg anwydau
Hyd y sir a'r rhew'n dwysáu,
Waeth i ŵr lwyth o hirlwm
Heb helô a phwdin plwm,

Oherwydd cymaint hirach
Y pery dyn â'r pryd iach
Yn ei fol – rhowch, ddynolryw,
Bwdin i bob dyn yn byw!

Plwm pwdin i'r werin, oes,
I blesio'r bobol eisoes.
Cewch bwdin â gwin, un go
Alcoholic, o'i 'whilo.
(Mae sôn bod gwin Malvinas
Ym mhwdin plwm dyn y Plas.)

Ond yn siŵr mae pwdin sydd
Yn Gymreig, gole'i gelwydd,
O bob pwdin difinic
O dan haul, pwdin iwnîc.

Weithiau bydd gan bregethwr
Dirwest rysêt i rai, siŵr.
I bwdin boed ei wên, a bo,
Yn haeddiant, pob parch iddo!

Y SMOTYN DU

Mae ambell fan yn hanes
Daear yn llwyd er ein lles,
Mannau llwm eu hennill ŷnt,
Mannau hud o'u mewn ydynt,
A mannau heb ddim enw
Yn tynnu dyn atyn nhw.

Mae un yng nghanol y môr
Nad â'r hogiau dewr rhagor
I'w dŵr ym Mermiwda, O!
Oni chlywoch? O lywio
I'r Triongl ei long liw hwyr
Gall y sên golli'i synnwyr!

Ond mae 'na fan gwahanol
Na ddown ni ohoni'n ôl.
Mae gennym fan amgenach
Ac mae'r fan ar Gymru fach.
Hon yw'r *zone* yng Ngwinionydd,
Y gwlff wyllt, jwngwl y ffydd!

Mor flin fuasem ninnau
Heb Smotyn Du'n ein tristáu,
Heb gornel i'w chornelu,
Heb le o dan label du,
Am mai neis rhoi'r mannau hyn
Mewn idiom inni wedyn!

YN ÔL GWR
YN NHALGARREG

Yn ôl gŵr yn Nhalgarreg
Un tro, yn agos at reg,
Bardd pen pastwn oeddwn i,
A dywedodd yn deidi –
'Pan wyt ti'n gweud dy linell,
'Wy'n gweud, rhaid ti weud e'n well!'

Nid bôr oedd yn cynghori,
Roedd e'n hŷn, ac roeddwn i
Yn derbyn yr hyn yr oedd
Yn ei ddweud – prifardd ydoedd!
Onid oedd wedi addo
Bod yn fy nâd 'stwff da'? Do,

Gwrandewais ar lais y wlad
A siars arw ei siarad –
A dylse fe'r Hendre'i hun
Ar ei dalar ei dilyn!
O'r llwnc daw pwnc y pencerdd,
O sgwd y gwddw daw'r gerdd.

TRYSOR

Trysor eto a roeswn yn y pridd.
   Pe'i rhoddid gwaddolwn
   Y cof amdano, fe wn,
Ond a gleddid a gloddiwn.

MACHLUD

O fod yn fardd caf oedi – am y nos,
   Aros iddi oeri,
   Ond cyn daw'r lloer fe boeri
Dy waed yn fy llygaid i.

FFENEST LIW

Ergydiais i wrth weddïo'n y tŷ,
   A gwadu'r ergydion,
   Ond i rym y ffenestr hon
Y diolchaf yn deilchion.

GOFYN AM GONDOM

Gyfaill unig, fy llanast
Difyr, o raid (wyf ar hast),
Yw fy mod, er cael fy mhans
Yn isel (blydi niwsans)
Yn methu (er ei mwytho)
Â chael modd (a'i chlymu, oh!)
I gwbwlhau (wyf gi blêr)
Yn briodol (mae'n bryder)
Orchwyl preifat fy 'llatai'
Heb frethyn tyn, fel petai.

Anfonais fy nwyf innau
(Gwylan wen uwchben y bae)
Ati hi i ddweud 'haia'
Un prynhawn, a 'ti'n iawn wa?'
Atebodd 'ti isho' ddoe, twel,
Atebais 'ai' (sai ishe
Lapo whaith), ac am saith, sws
(Didrowser) droes yn drisws,
A dyma fi'n damo fod
Dim un condom (nac undod)
Yn fy stafell – a elli
Roi o'th fyrdd ryw wyth i fi?

Cofia fod ar bob codiad
(Waeth pwy) ddyletswydd i'w wlad
(I ryw raddau), sef rhoddi
Gorchudd call i atal lli'r
Hylifau (rhag rhyw glefyd)
Arno bob tro – arwr hud.
Gall y marchog diogel
Ladd ag unllaw bawb a wêl,

Ei ddisodli ni all neb,
A *Cystitis* – diateb,
Goner yw *Gonorrhoea*,
Herpes, *Syffilis* a phla.

Ar ben hyn oll, rhuban yw
I beidio â gwneud *babe* ydyw.
Amddiffynfa rhag taro
Dy had, dod yn dad (uh-oh)
A chael mab – rhag y babi
Y mae hwn yn ffrind i mi.
Wedi gofyn, dwed, gyfaill,
Dwed, gai 'nghwd i wagio 'nghaill?
Mawr dy glod, dyro Durex
Yn gloi, sant, i mi gael sex!

Y MACHLUD YN ABER

Ddoi di am wâc i'r pier acw?
Mae 'na destun llun yn y llanw:
Y cesig hud yn ceisio cadw
Swigen o haul rhag llosgi'n ulw,
A daw'r adar bach drudw – i bwyllgor
Ar lan y môr i'w wylio'n marw.

I HYWEL
YN UN AR HUGAIN

Tra Gilgamesh, tra sesiwn
Aber yn fy mêr, mi wn
Fod slob yn falch cael hobo
I ddiota gydag o.

Yn y sîn sy ohoni
Ar fy llw mi ydw i
Yn adnabod un hobo –
Fy nghyfaill i ydi o.

Cyfaill â'i gaill yn ei geg
Yn amal ddiresymeg,
O! saethwch fi pe dwedwn
Y bolycs llwyr a ŵyr hwn!

A'r enwog fol (rhaid holi)
O gwrw – a ydw i
Yn adnabod un hobbit,
A boi o'u cyffelyb wit?

Ond nid bol yw dannod beirdd,
Parhau i yfed mae prifeirdd.
Bydded crochan, heb anap,
Y pot i'w weld cyn stop tap!

Cymer lwnc ym mar y wlad
A llwnc arall un curiad,
Yna downia dy wenwyn
O danwydd gwyllt yn ddi-gŵyn.

Cymer fys (nid ar frys, frawd),
Ymlacia (yfa ddeufawd),

Cymer ddwy (a mwy'n y man),
Ymlacia (yfa'r cyfan!).

Â'r gwydyr gwag dyro i go'
Rygnu'r ugain a'i rwygo,
A chyn cwpla dysga di'r
Un ar hugain i regi.

Ond darfu'r yfed wedyn,
A darfu'r rownd ar far hŷn,
Y bar sobor a'i seibiant
Rhag gwydrau sesiynau'r siant.

I gyfaill am a gefais
Nid oes logell well na'r llais
I roi'n ôl yr hyn na all
Y bunt oer dros beint arall.

ABERYSTWYTH

I rai mae'r prom a'r parêd,
Rhai'r arafu, rhai'r yfed.
I rai'r hanes, rhai'r hinon
A'r Llew Du, eraill y Don.
Nid yw Aber ond dibyn,
Ni phery'r iau, ni ffy'r hŷn,
Ond o'r ochor edrychaf,
Ni ein dau a hithau'n haf.

Y *BIRD* O BLWY LLANBADARN

Rwyf i'n *amusin'* ym marn
Y *bird* o blwy Llanbadarn.
Y mae hon, heb ddim anap,
Yn well Dyddgu, Ddafydd ap.

Hoff o liw haul yn ei phlu
Mae hon, ac o gymhennu.
Y mae hon, heb ddim anap,
Yn well Morfudd, Ddafydd ap.

A gwell, was, yw Crug-y-llyw
Na thŷ dail pan ddeith dilyw,
A minnau, heb ddim anap,
Na'r hen Ruffudd, Ddafydd ap.

Ond ennill hon dan y lloer
Un noson wnes i'n iasoer,
Er Eiddig, unig anap,
Ar fy nhrywydd, Ddafydd ap.

Ei hennill hi yn null ap
Ond dymuno dim anap,
Y *bird* o blwy Llanbadarn
Â phawb oll yn hoff o'i barn.

OEDI

Dacw'r gwylanod yn codi – uwchben,
Uwch y bae o'r jeti,
A'u syniadau sy'n oedi
Yn y dŵr llwyd ar y lli.

MIRI'R GÂN
YM MROGYNNIN

Pan glywi di'r aderyn
Yn galw i lawr yn y Glyn,
Pan weli daith bronfraith brin
A gwennol i Frogynnin,
A godi di dy adain
I gadw'r oed gyda'r rhain?

Tyrd i wrando rhagor ar
Ddireidi rhwydd yr adar.
Mae hi'n haf yn nhŷ Dafydd
A chanu serch yno sydd.
Ei siriol lais sy' ar led,
Canu ifanc yn Nyfed.

Tyrd i weld seti'r deildy
A muriau dail mawr ei dŷ.
Agora ddrws y mwsog
O bell i gastell y gog.
Dafydd Llwyd a fedd y llys
Gyda'r adar direidus.

Tyrd i ganu, canu cainc,
A dysgu paradwysgainc,
Â'r adar mân cydgana
I drwbadŵr y byw da.
Miri sydd, a Mai yw'r sîn,
Miri'r gân ym Mrogynnin.

TRYFAN

Roedd llafn
Rhyfeddol yn codi
Rhyngom â Chwm Idwal,
Rhyw gefnen Stegosawrws
Rhyfelgar yn picellu tua'r nen,
Rhes o binaclau fel enfys y Fall,
Rhagfur o gaer garegog, anorchfygol,
Ryfygus a godai'n gadarn fel hen fyddin
Rufeinig wedi'i hogi'n ysgithrog at y gad,
Rhengoedd duon, lleng clapiog, tyrau gwiber.
Rhywsut, â ninnau'n plygu rhag picellau'r glaw
Rhwng y gwynt a'r cenllysg a'r gwynt a fu'n
Rhwygo ac yn breuo'r gefnen am yn ail,
Rhywdro, rhwng paned a hanner dydd,
Rhithiodd y bwystfil yn olwyn ddŵr
Raddol, gynyddol a godai tua'r brig
Rwydi beichus o ddringwyr gwlyb.
Roedd mydrau cyson, gwichlyd
Rhod y dŵr yn rhwym o ddal
Rhodreswyr y pinaclau du.
Rhyfedd, serch hynny,
Rheidrwydd arw'r
Rhod honno i'n
Rheadru i lawr
Rhiw wedyn.

YNYS

(a noddwyd gan Gymorth i Ddioddefwyr Gogledd Cymru)

Fel cyfarfod cysgodion,
Di-ddal o hyd oedd y lôn,
Y lôn at ei ymyl e,
Lôn wydr hyd y lan adre
I dŷ oer, fel dod o hyd
I ynys am bum munud
Yn y niwl. Ond anelwn
I ymlaen at ymyl hwn
Nid i'w alw yn dila,
Nid i ddweud nac i wneud, na,
Ond i wrando, rhoi undydd
Ar y tro odano, dydd
Ar y tro. Ond eto 'doedd
Ei acenion, o'r cannoedd
Yn y byd, ddim yn ei ben
Y dydd hwnnw, 'doedd haenen
O air clên ar ei enau
Chwaith na rheg, a'i geg ar gau.
Ei agor yn y bore
A dweud yn cŵl, 'dwi'n ok'.
Erbyn nos dôi'r boen yn ôl,
Yr ok'n dric gwahanol,
Ac roedd y lôn yn lôn wleb
Ym mhytiau ei ymateb
I'r drosedd. Agor drysau
Yr oedd hwn, mynnu'i ryddhau
Ei hun, ond tasg wahanol
Yw parhau y gamp ar ôl
Ei chychwyn. Am hyn y mae
I lais dyn fy nghlust innau
Yn un barod, pan godith
Y niwl hwn a'i haen o wlith
O'r ynys a'i phenrhynnau.
'Wir i ti, er gweiddi gwae
Y caledi, mae clydwch
Ar y cei'n angori cwch.'

I DDIOLCH AM SYB

Am dy haelioni, Llion,
Cofia roi y siec fawr hon
Yn dy gyfri di un dydd,
Siec yw hi â blas cywydd
Ar ei hwyneb arianwyn,
Y siec â sŵn clec o Lŷn
Un nos ar ei dalen hi,
Ernes â diolch arni
Am roi syb mewn pyb hapus,
Am gadw'r llyncwr mewn llys.

I LEILA'N
BEDAIR AR BYMTHEG

Y mae ceir, fel mae cerrynt
Y fro hon, yn fyr o wynt,
A myn Diw, er bod criw cry'
Shir Gâr yn shŵr o'u gyrru
Yn bell, nid ânt ymhellach –
Mae'n hawdd blino, sbo, bois bach.
I'w mapiau hwy clamp o her
Yw mentro heibio Aber!

Mae'n dda felly mai tuedd
Llawenog oriog ei hedd
Yw rhoi llais ym merw'r lli,
Dianc, dianc o Dywi!
Dywi lom, ni wrendy lais
Dianc, ond fe'i gwrandewais,
A'r un llais wrandewaist ti –
Nid gwrando dannod inni.
Ond rwyt ti wedi dianc
Ymhell bell dros bob un banc
A chlawdd a iet uchel iawn,
Uwchlaw Harlech, haul, eirlaw'n
Eryri wyllt at y trai
I weld Môn dros lid Menai.

Tre pob jaman a phanad,
Lle go lew i golli gwlad
O geinioga yn hogi
Dy sychad, marwnad i mi
A 'mhwrs wrth gwrs, ond lle gwych
Am ryw wydr mawr i edrych
Dros Fôn ar draws y Fenai,

A'i gweld fel trwy blastig, ai,
Y domen lle daw amal
I wyneb i wyneb wal
Ar y daith o'r bariau da
I wrychoedd Bangor Ucha'.

Am imi rywdro ddianc
O'r fan yn cropian fel cranc
Rhof dap i 'nghap yn hapus
A hyn o barch â blaen bys –
Un eon neu wirion wyt,
Direidus a dewr ydwyt!

Ond rwy'n sylwi mai dianc
Rhag sylwi'r boddi'n y banc
I Lawenog i ddiogi
Yn westai nos y down ni.

CADAIR FRONWEN

(saith mlynedd er ei dringo ddiwrnod cynta'r mileniwm)

Ar gychwyn fy mlwyddyn mae lôn – i'w gweld,
    Un gul ei golygon,
    Ond cwpla ar gopaon
Mae'r llinell bell yn y bôn.

Er ei bod dros erwau bach – y Berwyn
    Yn bwrw i'r gilfach
    Bydd llwybyr yr awyr iach
Yn dringo i dir ehangach.

Fe'i dilynaf hyd lonydd – y defaid
    I yfed o'r nentydd,
    Dilyn y gwynt hyd lôn gudd
Pyllau mawn pell y mynydd.

Ac nid unig yw undonedd – y daith
    Hyd eithin fy nhirwedd,
    Parhau i minnau mae hedd
Mileniwm ers saith mlynedd.

Uwchlaw rwy'n clywed awel – yn annog
    At y Fronwen uchel,
    Gaeaf llwm yn y cwm cêl
Ac eira ar y gorwel.

Hwn yw mynydd ein manion, – ohono
    Caf innau fel cristion
    Gip eang o gopaon
Y wlad ar gyflwr fy lôn.

Os ofnadwy ddiwedd blwyddyn – yw'r hewl
    Ar waelod fy nyffryn,
    Golwg uwch ac ailgychwyn –
Mae'n cwpla ar gopa gwyn.

COLLI OEN

Nid am weryd mae'i haraith –
Ystôr ei phwrs ydi'r ffaith.
Mor ddof ei bref am reddf bru
A'i holl ofal yw llyfu
Ei wyneb diateb o,
Dannod oen nad yw yno.
Ond ei hawch, ei hiraeth dall,
Dynerwyd i oen arall.
Ni ŵyr, fel ni, am weryd
Ei gwanwyn bach, gwyn ei byd.

LEWIS

Yn rhwyd fy nghof y mae rhith
O hydref heb ei ddadrith,
Hydref wrth odre'r Berwyn
A'r mynydd oer mewn hen ddyn,
Hen ddyn a chanddo wyneb
Fel craig las, fel carreg wleb,
Hen ddyn nad oedd ei henoed
Yn ddim, a mi'n ddim o oed.

Carreg wleb ei wyneb oedd
A gwledig ei liw ydoedd,
Gwledig ei wegil wedyn
A'i flew i gyd fel sofl gwyn,
Dwy ael lem fel dwylo og,
Cawn ei dalcen yn dolciog,
A dwyfoch fel cafn defaid
Yn geugrwm llwm yn y llaid.

I gydio'r dasg y dôi'r dyn,
A'i ddyfod yn ddiofyn
At y tŷ, yn dyfod hyd
Ein rhiniog am ryw ennyd
At ei orchwyl – fe'i gwyliem
Yn y llwyn â'i fwyell lem
Clep-clic yn torri coed tân
I Nain, un iddo'i hunan.

Gwefl ei geg, fel ei gogiau,
A holltai'n sydyn, cyn cau
Ar y llafn, ond mae hafn y min
Ynddo, wrtho yn chwerthin!
Hollt o wên lled ei wyneb
Yn glais yn y garreg wleb,

Gwên fel encil mewn cilbost,
Croen crin fel crawen cig rhost.

Un hydref llwyd, ar fy llw,
I'w waddoli'n gynddelw
O henaint oedd ei wyneb,
Fel craig las, fel carreg wleb.
Hyn o atgof ynof i
A adawyd i dewi,
A hyn o gof yn lleihau
Yn nannedd hyn o enau.

Ond er hyned yr wyneb
Ein tegan oet, ac yn neb,
Yn neb ond Lewis i ni,
Syniad oedd Lewis inni.
Lewis od ei lais ydoedd
Y Lewis hwn, di-lais oedd
Yn rhwyd fy nghof, ac fel rhith
O hydref nad yw'n ddadrith.

CAU CAPEL TREGEIRIOG

(25 Mai 2003)

Dros waun a ffridd aed iddo, – a thrwy rew,
    Wrth reddf, yr aed ato,
    Yna rhag ei sarhau o
    Yn dyner aed ohono.

TIGH DUBH

Y Tŷ Du yn yr ynys,
Mor isel yn yr awyr,
Mor uchel yn y mawn,
Anweledig.

Nes cyrraedd ei drothwy
A sylweddoli ei fod yno, wedi'r cyfan,
Rhwng daear a nef,
Wedi'i wasgu o'r golwg yn dynn,
Dynn mewn brechdan fawn a chwmwl.

Ond cyn croesi,
Ceiliog gwyngoch
Am y drws â mi, yn bobio'i
Ben fel bocsiwr.

Ei grib yn uwch na f'un i,
A'i benstiffrwydd digyfaddawd
Yn pigo twll yn y nen.

Borthor main,
Ceisiwn dy groeso
I gartref Gaeleg yr Alban,
A soniais nad Sais mohonof.

Atebaist fod yr iaith wedi bod yn torri mawn
Ar y gwastadeddau ers iddi wawrio,
Gelwais di'n ffŵl y tu ôl i dy gefn,
Wrth imi groesi'r trothwy a phlygu fy mhen
O dan y trawst twristaidd.

CERDYN POST

Helô Hywel,

O aeaf
Y North (er ei bod hi'n haf),
Gair bach rhad o wlad y lochs,
Sy'n llawn orlawn o hirlochs!
Ni bu'n hir, o sbïo'n wyllt
Ar y grugiar rywiogwyllt
Uwch y fro ac edrych fry
Ar fawn, cyn penderfynu
Hastio i fynwes dau fynydd.
Yn hawdd iawn y cyntaf ddydd
Bachai pawb i'w chopa hi,
Copa heulog Stac Pollaidh,
Ond Suilven mewn heulwen? Na,
Ni ddynion faeddodd honna
Yn y llaid a'r glaw a'r llus.
Ie, a thrannoeth ar Ynys
Lewis gwelais y Gaeleg
Yn lliwio gair ambell geg
(A synhwyrais yn arw
O fan i fan déjà vu).
A dyna oll. Nawr den ni
Yn Nin Eidyn yn oedi
Mewn B&B braidd yn big,
Hwyl fawr,
Fe'th welaf,

Eurig.

LONYDD CEFN

Mae'r ffyrdd, y myrdd o rai mân,
Yn lledu yn rhai llydan
O'u gweld nhw fel gwlad newydd
O barciau hen, llwybrau cudd.
Â chwmpawd iach mapia daith
Ar hyd yr hen, hen rwydwaith.

Rhwydwaith y beirdd ar daith bell,
Rhwydwaith yr iaith o draethell
I ffridd a rhos, ffyrdd y rhai
Sy'n gwybod bod ein beudai'n
Arfer bod yn dref i'r beirdd,
Lle'r brefu'n llawr i brifeirdd.

Lonydd cul, anodd celu
Yr orymdaith faith a fu,
Y lonydd cul, newydd, call
Yn arwain at un arall.
Lonydd cul yw nawdd y cof,
Mae pob haen fel map ynof.

RHAGFLAS

A weli di wlad Owain? Fe'i gwelaf.
   Ei gwylio gan olrhain
Gwrthryfel fesul celain
A wnaf i drwy ffenest fain
Y cestyll. Nid yw'n costio
Fawr ddim i'w gyfarwydd o
Am oriau drwy ffrâm erwin
Ei ffenest roi hanes trin,
Tyrd i'w weld i'r tyrau da,
Cei ffrâm i'r cyffro yma.
Weli di'r stafell dywyll?
Gweli! Dwi'n gweld yn y gwyll
Wŷr Harlech yn drech na drôn
Y gân enwog yn uno
Nawr i guro'n rhagorol
Ar y mur yn drwm eu hôl.
I'r adwy'n awr dod yn nes
Mae'r muriau ym Miwmares,
A Chonwy gre'n achwyn grym
Ysgeler Rhys a Gwilym;
Cad a welaf, Cydweli
Harri Dwn a welwn ni.
Ond pa waeth? Mi aeth y mur
O gerrig gydag arwyr
Y Gwrthryfel a weli'n
Y mur. Ond ein harwyr ni
Ydyn nhw, yn dwrw dôn'
I ynysu'r hanesion
Fan hyn, ymestyn rhai mân
Yr hen wlad ar sgrîn lydan
Yn ffilm hir, yn fflam eirias,
Yn wlad rydd . . . weli di'r ias?
Dyma'r sîn welaf innau;

Yng ngrym y dychmygu mae
Pob ffenest sy'n y cestyll
Yn troi'n sgrîn, ffenestri'n null
TriStar, Columbia a New Line,
Sinemâu'n sôn am Owain.

AR DRYWYDD Y GUTO

Awn ar drywydd cywyddwr – i redeg
   Yn ôl troed y saethwr.
  Ai'n eistedd yn y mwstwr
  Rwyt ti ynteu yn y tŵr?
Ble? Yn y de? Dros y dŵr? Ar herw?
   Ar Ororau'n glerwr?
  Mae ôl dy droed, y milwr,
  Ynghudd yn dy gywydd gŵr.

GWERS GYNGANEDDU

Fel arfogi mwncïod,
Fel cnapan, dyma nhw'n dod
Â'u hatebion gwirion, gwych,
Eu halawon dilewych
O wreiddiol, a holl ryddid
Eu hodli doji, di-hid
Mewn cerddi, o'u llosgi'n llwyr,
Sy'n deisennau disynnwyr.

Ond yn ffau'r sillafau llon,
Yn ffau y geiriau gwirion,
Mae awen glyfra'r ennyd
A Chymry bach mwya'r byd.

BEIRDD v RAPWYR

I lwyfan y dolefu
Un nos daeth rapwyr yn hy,
Rapwyr byrfyfyr o Fôn,
Eraill o strydoedd geirwon
Pontypridd, Snoop ein tai pren
A Dre hynod yr awen.
Y rapwyr hip yw'r rhai hyn,
Y dewiniaid di-dennyn,
Ein traddodiad rhydd ydynt,
Newydd sbon o ddi-saib ŷnt –
Ond *hold the boat*, wledydd byd,
Hang on, hang on am ennyd,
Nag yw hyn a'i holl groen gŵydd
Yn gyforiog gyfarwydd,
A'u hen *aggro* unigryw
Yn taro cloch trwy y clyw?
Fe wn i am weiddi maith,
Wyf fyrfyfyr fy afiaith,
Wyf ŵr llafar y llwyfan,
Un o'r beirdd o bedwar ban.
Ie, rapio fu Guto gynt,
Bu Iolo'n rapio rhupunt,
Clywodd Tupac yr acen
Fel twrw'n bwrw'n ei ben –
Roedd yr hen feirdd yr un fath,
Yn rapio tempo'r twmpath!
50 Cent? Siôn Cent y cof
Sy'n rapio heno ynof,
Rapwyr hefyd yw'r prifeirdd,
G-Unit yw bît y beirdd.
P Diddy sy'n dywedyd:
'Rap rwydd yw'r dasg ar y pryd!'
Do, rapiodd Sypyn un nos

I *dead-line* ei awdl unnos,
Yn yr hwyr yn gwn'eud ei rap,
Ei wych astrus orchestrap!
Poni welwch rap Nelly
Yn odlau ein hawdlau ni?
Pwy yw'r rapwyr, ai Hopwood
Neu Eminem yn ei 'hood?
Yn ein cysgod hynod, ha!
Free styleio sy'n ffars dila.
I chi'r rapwyr, bu'r curo
I'w glywed fan hyn ers cyn co',
Ac mae tôn acenion cudd
Yn sŵn hy eich raps newydd.

GWIBGERDD

Mi es i stomp amhosib
Yn rhy hwyr, heb gerdd, ar wib,
Es yno heb gytseiniaid
Nac awdlau nac odlau'n haid,
Heb broest, o Aberystwyth
Yn bell iawn, es heb y llwyth
Emynau fu'n fy mhen-i,
Heb yr un englyn es i.

Bûm yno am bum munud
Yn cnoi yn wyllt . . . cyn i hud
Yr awen ddod ar drywydd
Eurig ei hun derfyn dydd.
Llinell ar ôl llinell oedd
Yn hedeg – rhyw wyrth ydoedd!
Dôi pob sillaf yn llafar
A chwim i ddilyn ei chwa'r
O gwpled i gwpled – gwyrth!
Agos i ffantastigwyrth!

Roedd rhyw fro'n llywio fy llais
Yn y fan, a chlustfeiniais
Dros fy llanast yn astud –
Yn yr aer yr oedd rhyw hud.
Yn y fro hon clyfar wyf,
Rhyw ddod yn lled-fardd ydwyf,
Yn y fan hyn rwyf i'n well,
Rwy'n ddiog, ond rwy'n ddeuwell!
Nid âi'r un o'r beirdd heirddion
Yn dlawd yn yr ardal hon.

Felly am achub fy llais
Addolaf Bontarddulais!

WRITING AND PERFORMING
A CYWYDD *FOR DUMMIES*

Mae pob cywydd yn cuddio. Chwarae mig â chreu mae o.
Mae yn dy ben yn mynd 'Be?' – 'Daeth d'awr', dwed dithau,
'dere! Dere mas', dwed di i'r mesur, 'reit nawr yn fawr neu
yn fyr!'

Y rheol gyntaf – *have-it*, ti yw'r bòs sy'n taro'r bît. Ond
cyn dweud ei acen deg, cyn dechrau – paid. Rhaid rhedeg dy
syniad, os yw hwnnw'n un da, ar hyd ei erwau o. Syniad, yna
dewiniaeth y geiriau ddaw i'w gwrdd, waeth os yw dy holl
workings di'n eu lle, hawdd iawn y llwyddi.[1]

Cychwynna â'r lusg, i lusgo sylw'r dorf.[2] Wedyn rho yn
dyner had yn y sŵn, rho dy syniad i orffwys yn y cwysi o
dan draed, a dau neu dri gair hen ar wasgar i'w hau yn
nhywyllwch llinellau.

Ond os nad yw'r syniadau'n dod yn hawdd, beth am
dynhau y dweud i bum cwpled – dau i edliw a thri i ddadlau
– a sôn ynddynt am wyntoedd, yr hen iaith a'r hyn a oedd?
Ond gochel eiriau celain! Dy dasg – rhaid osgoi y rhain:

erof, yrhawg, tirf a *rhin, hirddrws* a *hil* a *barddrin.*

Yn eu lle rho:

goferu, diasbedain, brain a *bru.*

Wedi gwneud digon o ias yn y gerdd, gydag urddas rhaid
ei datgan,[3] a sicrha (â llais cry') ei bod i bawb, o dŷ bach i
bwll, yn eglur bellach. Yna'n bwyllog ddiogel rho linell – pell
yw'r apêl – o'r cychwyn fan hyn (aha!). A'i heffaith – eu
hatgoffa fod pob cywydd yn cuddio. Chwarae mig â chreu
mae o.

---

1. Awen, i rai, yw'r enw ar yr uwchben, ebe nhw.
2. A sylwer – do, mai cychwyn fel hyn â'r lusg wnes i heddi (am addysg: 'Mae arch
   yn Ystrad Marchell' – na'i dewis hi nid oes well).
3. Neu'i chanu.

Y GWIRION
AR Y GORWEL

Nid diog pob diogyn,
Tra jog, nid diog pob dyn,
Ac am hynny, Gymru, gwêl
Y wombat gyda'i ddymbel,
Yr uchel ei ymdrechion,
Y ffŵl â'r cegs deuddeg stôn.

Ar ei wep mae ôl tripio,
Is ei droed mae'i flister o,
Ond drwy'r glaw distaw ar daith
Ni wybu ond anobaith,
Fel Paula, fu'n gynta' gynt,
Fu ar hewl fwrw'i helynt.

Y gwrol un a gâr loes
A'i wyrcowt a fyn deircoes,
Oedodd rhag y *stitch* wedyn,
A chramp fu'r diolch er hyn,
Am wir siâr o embaras
Ennill rhyw ing yn lle'r ras.

Yn y pen draw, daw y dydd
Pan awn ni am hip newydd.
Ni all dwl ennill delwedd,
Ni ddaw'r *moves* yn nyddiau'r medd,
Ac am hynny, Gymru, gwêl
Y gwirion ar y gorwel.

Y GWYNT YN Y BAE

Ac o naw tan bump mae'r gwynt yn y bae
Yn gweld drwy'r ffenest (drwy ffenest y ffau)
Y gweryd o ffigurau anniwall,
A gweryd arall o goridorau,
A phe bai'r gwynt yn graff, heb air o'i geg,
Ni ddôi â'i addewid fel rhyddid rheg
I'w chynnig iddo chwaneg, ond nid yw;
Mae'n aros o fewn clyw fel Duw yn deg.

A thybed, ebe'r gwynt a aeth heibio
I gwr y ffenest a'r holl gyrff yno,
A ddaw hwn, o'i ddihuno, at ddalfa
Fy ochor ataf i chwarae eto?
Ond drwy y prynhawn yn llawn cynllunio
Cymry diwyd yn cymeradwyo
Cynlluniau cyn eu llunio mae'n cyd-fyw,
Fel rhyw Dduw, o fewn clyw i dwll y clo.

WEL?

Cyfarfod a chofnodion.
Cysglyd yw ffacs. Galwad ffôn.
Cyfrin-gyngor. Pwyllgor pae.
Cyrff rhithiol corfforaethau.
Caffael a bore coffi.
Cotiau a mac. Te i mi.
Cyfrinachedd. Diwedd dydd.
Cadwraeth. Tei'r cadeirydd.
Cynllunio sawl can llinell.
Cynllunio un canllaw'n well.
Cysidro cau is-adran.
Cyngor am agor rhai mân.
Cymeradwyo popeth.
Cymeradwyo pob peth.
Cwrs unig. Rhesi anwel.
Career set. Ond *WHO CARES*?

Wel?

TONNAU

Nodyn. Oedi.
Ai nhw? Ai ni?
Ai fi fy hun?
Oedi. Nodyn.

Ie fi, ond oedi'r ydwyf,
Dymuno dim, am nad wyf
Am i neb o'i gymun o
Dros fur ei bapur bipio
Drwy y mwg, a dirmygu
Darn o dôn aderyn du.

Bydd yr awydd ar rywun
Yn drech na'i falchder ei hun.
Troi o'i *lattè*'n hamddenol
At ei ffôn, a'i wthio'n ôl
I'w boced yn siomedig,
Mynd *damn* i hen nodau mig.

Gennyf i mae'r gragen fach,
Fawr hon a'i holl gyfrinach,
A chlywaf – oni chlywi
Sŵn y môr o'i hagor hi?
Ai neges anwes, ai ing . . .?
Neges dwt.

1 Text Waiting

Am ddau wrth nesáu mae sŵn y radio'n
Doredig ei sasiwn,
Ac wrth grensio'r gro mae grŵn
Fy nghar fel rhwyf. Angorwn.
Fel pe'n gefnfor, gwelaf orwel y ddôl
Heddiw, ddydd fy nychwel.
Mae yn lli'r aceri cêl
Yno gwpan o gapel.

Rwy'n ynysig.

No Signal

Ac o'r Tŷ'n
Gortynnau daw sisial
Emynau'n anthem anial.
Awn o'r drws i rwydi'r wâl –
Caf fynd i'r cefn i dir cudd. Ond eisoes
Mae dwsin aflonydd
Wedi dewis seti sydd
Ar y lan. O'r torlennydd
Diogel rwy'n anelu at ein set
Yn swrth, wedi'n gyrru
I ran halltach o'r neilltu,
Cyryglau ar donnau du.

Reading . . .

1 Text Waiting

Adeg statig
Yw hi, rhwng derbyn y nodyn crynedig,
Ei glywed yn gloëdig, ac agor
Y ddôr eto'r un mor awtomatig.

*Pam w tn nfon txt @a inau
Os nad w tn gwld sniad y tonau?*

Oeraf. Rwy'n gweld y geiriau bach pitw.
Ar fy llw, mae'n llanw fy llaw innau.
Rwy'n ailddarllen. Cyn aros am ennyd.
A'i ddarllen eto'r eildro ar ei hyd.
Ai eraill a fu'n ymyrryd â'm ffôn?
Ai nhw fu'n anfon? Wyf innau'n ynfyd?

*Pam w tn nfon txt @a inau
Os nad w tn gwld sniad y tonau?*

Y don a'i hynt yw ei gwestiwn yntau,
Un wag o synnwyr, fy neges innau
Yn llawn o donnau'n lleihau . . . ai ateb
Neges y neb diwyneb, dienau?

Rwy'n eistedd ar haen wastad. Fe'i gwelaf
I galon ein dirnad
Yn llifo o bell efo bad,
Pysgotwr siŵr ei siarad
O bulpud corslyd, ond cyn dweud helô
Ei osgo sy'n disgyn
Am foment fel pe'n blentyn
O swil. Fe'i gwyliaf yn syn.
Mae'n plygu pen am ennyd. Gyrru sgwrs
O gorsydd ei bulpud,
Dwyn ei gwestiwn gwag, astud
I'r nen uwchben, at ddim byd.
Ei wefus sy'n dygyfor yn ddistaw
Ddiystyr ar gefnfor
Rhy eang i roi angor
Lawr yn glau. Minnau'n froc môr.
Y daith yw hon nad euthum arni hi.
Y llanw oer, awchlym
A ogrwn fel pob awgrym
Yn llifo o bell, felly bûm,
A bûm i wyneb emyn er deunaw'n
Un distaw. Bu'n destun
Euogrwydd am ryw flwyddyn.
Edifarhad? Wyf ŵr hŷn.

Reply

A pham lai? Pe na ddôi clywed
Am ateb arall yn fuan – callied!
Ond un croes yw cwestiwn cred, – sut gallaf
Feiddio'i her? Moriaf i ddŵr ymwared.
Y geiriau mân mewn neges wahanol,
Y weddi anos fel *text* hamddenol,

Difraw mewn llaw. Nid yw'r caffi lleol
Wedi arfer â'r bader ysbeidiol
O eithaf ffin haniaethol dirnadaeth,
Na thon ar draeth yn eiriau diriaethol.
Yn y sgrîn wag, segur hon anogaf
Ymateb i'r diwyneb, estynnaf.
I dynfa ddieithr y donfedd hwyaf
Ymateb i bresenoldeb a wnaf.

Duw cariad yw
dywedaf. A disgwyl,
Disgwyl fel pe'n noswyl, am y nesaf.

Pe bai'n seiat awn ato yn y fan
A gofynnwn iddo,
Pam wyt ti yn gweddïo?
A ddaeth tôn atebion 'to?
781 – ei emyn yw. Ar y wal
Fesul rhif, beth ydyw
Ystyr cryptig unigryw'r
Nodau hyn – ai rhif ffôn Duw?
Rhifyddeg y crefyddol – 2 + 2
Yn gwneud 0 fel rheol,
A lluosi yn llesol
Lle'r oedd ond gweddill ar ôl.
Ar y wal mae deial du ei gymun,
Llinell gymorth fyny
Yn syth at Dduw yno sy',
Di-elw pob deialu.
Beth petawn y prynhawn hwn yn trafod
Rhifau y defosiwn
Yn fy ffôn ac anfon? Gwn
O'i ust nad âi fy nghwestiwn
Yn bellach na'r sgrîn llachar yn fy llaw.
Mae fy llyw gwrandawgar
I donfeddi'n dôn-fyddar,
Yn gry' – nes gweld y sgrîn sgwâr.
Ond oedaf – pa les trafod gan hynny'n

Y Tŷ pan fo'r tywod
Yn bell, a mi ond yn bod
Fel cwch o afael cychod?
Am dri mae'r cwmni o'r cwrdd yn treio,
Heibio'r tri hysbysfwrdd
O ben i ben, heibio'r bwrdd,
Off i'r caffi rhag cyffwrdd
Y ffydd yn cysgu'n ei ffau. Yn gryno
Ar sgrîn fy ffôn innau –

Missed Call

Un stribed olau
O neges gynnes ar gau.

Number Unknown

Mae barn hynod fy ffôn,
Fel fy ffydd, yn gorfod
Dweud iddo beidio â bod,
Ni wybu'r un anwybod.
Ond o arfer cymeraf
Y stribed galed, ac af
I gastio hyn o gwestiwn
Yn y lli pell.

Pwy yw hwn?

A throf oddi wrth rifau,
O ysbail y *mobile* mau,
I gael *lattè*'n hamddenol,
Cwrddyd y byd a'i gybôl.
Un neu ddau mewn siwtiau sur
Yn pipio dros eu papur.

Mwynhaf hafoc
Y brys a'r broc.
Yn awr clywn ni
Nodyn. Oedi.

TSWNAMI

Ai Duw distaw, diystyr ydi hwn?
Pa les Duw a chysur
Coffâd pan ru'r ffoadur
At yr ewyn gwyn ei gur?

Ond diniwed yw newyn y dŵr hallt.
Heb y dryll yn elyn
Beth yw ystyr dolur dyn
Diniwed yn ei ewyn?

YMSON

Yn nhŷ Duw mae hi'n dawel,
Tynnaf fy nghap yng nghapel
Yr ŵyl, gan ddisgwyl a ddêl.

Ddaw o ddim yn niwedd Awst
At y tŷ, er cymaint haws
Dod i'r oed o dan ei drawst
Ei hun, yr hanner tenant.
Fe ganaf ei ogoniant
A chael bod Duw yn byw bant.

Rhy eironig o'r hanner
Yw bollt i gloi holl bellter
Duw yn sownd o dan y sêr.

DŴR

Rwy'n gwylio'r rhain â'i gilydd – yn disgwyl,
Yn disgwyl o'r newydd
Yn hoff iawn i ŵr y ffydd
Droi o'i bader i'r bedydd.

Cwyd ei law, cwyd ei lewys – ac estyn
A gostwng fel enfys,
A chwdyn bach dan y bys
Yn ei wylio'n ofalus.

Mae hwn i'w weld, y mae'n wir, – yn ofnus
O'r dafnau a daenir,
Ond ofnaf na welaf i'r
Un diferyn a fwrir

Heibio'r talcen, a'r genau – yn gweiddi,
A'r gwddwg a'r breichiau'n
Dyrnu'n uwch i gadarnhau'i
Aileni ar ei liniau.

SUL PASIANT

Buom yma Sul pasiant
O'r blaen, yn y blaen, yn blant,
Yn geirio'n gegagored
O gopi rhwyg y parêd,
Ac yn closio'n heco ni
At arweiniad rhieni.
Yma'n ôl i mewn yn nhŷ'r
Anwybod parod pery
Cymanfa'r llafarddarllen
Yn blant ac yn bobol hen.
Duw cariad yw dywedaf,
A geirio'n wag er a wnaf.

Gwelaf i, a mi'n ddim o oed,
   Oesoedd ac oesoedd o foli'r Iesu,
A dadeni hen, hyd yn oed,
   Welaf i, a mi'n ddim o oed.
A gwnaf fy rhan, gwenaf erioed,
   Dygaf ryw ennyd i gyfrannu.
Gwelaf i, a mi'n ddim o oed,
   Oesoedd ac oesoedd o foli'r Iesu.

Fe'i gwelaf fel yr haf ei hun,
   Ei olau'n drwm a'i waliau'n drymach,
A'i olau'n hen a'i waliau'n hŷn,
   Fe'i gwelaf fel yr haf ei hun.
Ynddo yr oedd ddoe ar ddi-hun
   A'i olau'n boeth a'i waliau'n boethach,
Fe'i gwelaf fel yr haf ei hun,
   Y waliau'n drwm a'r golau'n drymach.

Yn niwedd Mai, yn ddim o oed,
   Nid yw cau drws ond cadw'r eisiau.
Fe'i gwelaf fel yr haf erioed
   Yn niwedd Mai yn ddim o oed.
Ac er gweld hen pob hen, ac oed
   Ei hun ym melyn llwm y waliau,
Yn niwedd Mai yn ddim o oed
   Nid yw cau drws ond cadw'r eisiau.

TRI DARLUN

1

Daweled yw ei alaw,
dy lun mewn cawod o law.
Llun heddi'n llawn llyneddau
yw hwn nad o'n ni ein dau
yn ei ffrâm, a'r Liffey, roedd
yn rhedeg yn y strydoedd
a llenwi'r lle, hwn yw'r llun
o wyliau draw yn Nulyn
un Awst dwy-eiliad-yn-ôl,
yn nhre'r Guinness ar ganol
ein cydgerdded yn rhedeg
rhag cawodydd tywydd teg,
ni ein dau yn Awstiau hen
Gwyddelig addo-heulwen.
Ac wrth chwerthin drwy ddinas
bysus coch gwlyb-soc o ras
arafaist ar ryw drofa
yn y glaw anhygoel, a
diferu'r wên yn dy frys,
rhyw wenu yn druenus
drwy dy wallt, o raid, y wên
Wyddelig addo-heulwen.
Y wên od socian-ydym,
be di'r ots os budur ŷm?
Fel model mewn hysbyseb,
gwên liw-houl gan hogan wleb.
A honno'n wên be-wnawn-ni
yn y storm fe godaist ti
yn rhyw uchel dy freichie
yn y llif am fod na'm lle
o'r gawod i gysgodi
am y tro, so, tynnais i
dy lun mewn cawod o law.
Daweled yw ei alaw.

Fy mwriad erioed fu paentio'r goeden a dal *aura*'r
dail ar y dudalen. Mae'n benyd mud yn fy mhen –
paentio'r dail manwl, y dail mewn eiliad o heulwen
ar un goeden, un a'i changhennau yn hollti o orwel
y pellterau. Ond fi, ni allaf innau ond creu tric
gorwel acrylic ar y waliau.

Roedd hi'n goeden hen – teimlai'r sêr yn iau uwch
ei phen aur. Ar ei chyff yn oriau'r prynhawn roedd
y cawn yn cynnau'n dawel, dawel, ac yn uchel yn
ei breichiau cysgai'r haul. Yn wir, cysegrai'r hin yn
ei rhisgil cras ei golau crin.

Dynwared â dawn erwin rwyf innau'r cyffroadau'n
ddigon cyffredin. Gwasgaf y tiwbiau lliw yn
ddiddiwedd, ac am a wasgaf nid yw'r cymysgedd
yn troi'n dyfiant ar hen edafedd llen y gynfas
wag, wen. Af, wysg ewinedd, i grafu'r palet. A
chychwyn eto.

Lliw aur y cyff – mor anniwall yw'r co' er cryfed
angerdd erddo. Er gwyched y creu, segured y
ciarosgwro yn y pen draw. Mae hon a'i gogoniant
mor ddinistriol eithafol ei thyfiant maith, maith.

Ond bydd fy methiant hyd syrffed yn parhau'r
lludded tra pery llwyddiant yr eiliad honno. Mae
honno'n mynnu bod y dudalen yn dal i ddenu.
Mae'r goeden hen er hynny'n tynnu'n groes –
gwelaf liw eisoes, heb gael ei flasu.

Y siffrwd saff ar hyd sedd
Yna gosteg i eistedd.
Pam mae'r hinsawdd ddistaw, ddwys
Mor ddiarffordd ddiorffwys?
Sŵn ffydd yn trosi yn ffau
Ein gweinidog eneidiau.

'Iesu, hwn a roes einioes
I brynu'n cred ar bren croes.'
Tangnefedd undonedd du
Dwy linell yn cydlynu
Am un eiliad weladwy
Rywfodd a'm lloriodd yn llwyr.

Safwn o dan groes hafal,
Dan ras y dyn ar y wal,
Dyn oedd hefyd yn dduwfab
Ar y mur cymesur, mab
Y saer yn gymesuredd
Enbyd rhwng bywyd a bedd.

Ar seddi'n rhesi roedd rhai'n
Dal eu hanadl eu hunain.
Dal eu henaid i'w lenwi,
Dal yn ôl ein dwylo ni
Wrth estyn am wyrth ddistaw,
Rhyw ddyheu'n ansicr a ddaw.

'Cymerwch ei harddwch O
A'i ddyheu wrth weddïo.'
Roedd addewid ar ddeall,
Addo, ac eto sut gall
Un rhy uchel ei freichiau
Wyro'n is i'w chadarnhau?

'A mwynhau Ei Gymun O
Mae dyn er cof Amdano.
Bu'n angau i'n hangau ni,
Rhoes Ei Hun ar groes inni.
Yn Ei dŷ chwennych uniad,
Chwenychu hwn yw iachâd.'

CRACHEN YR AWEN EUOG

Ar y Sul, er rhyw sylwi – ar y ceir,
   Y cwrdd a'r addoli,
  Cerddaf heibio'n barddoni:
  Fy ngherdd wag yw fy nghwrdd i.

CERDD DDIOLCHGARWCH

Daeth hi'n amser diferion, – daear lwyd
 Ar lawr a gweddillion
 Lletchwith y gwenith gwynion
 Yn blu ar wyneb y lôn.

Lawr y lôn bu'r meibion mas – yn cywain
 Y caeau i'r gadlas,
 Meibion y tîm o ben tas
 Yn cymhennu cymwynas.

Cymwynas addas heddi – yw honno
 Sy'n hŷn na'r holl lwythi
 Fu'n ein meysydd newydd ni,
 Yr un y ceir ohoni

Ffrwythau'r coed a pherthi'r cae, – byd natur
 Yr arllwyswyr llysiau,
 O wyrddni pridd yn parhau
 I rwyd lawn yr ydlannau.

Parhau yn glên eleni – mae honno'r
 Hen gymwynas inni,
 Ac fel un, am gyflenwi
 Haul a chnwd, diolchwn ni.

I MERERID
AR ENNILL Y GORON

Bob ha' bellach bu'n habit
I wlad y beirdd glywed bît
Benywaidd byw ein hawen,
Y llais o dŷ Lluest Wen,
Ac ni bu llên eleni
Ein gwlad yn eithriad i ni.

Eleni'n haul ein hen iaith,
Yn ôl ar lwyfan eilwaith,
Roedd hyd ruddiau derwyddon
Ryw wrid wrth wobrwyo hon,
A hon wrth ei choroni
A dynnai wên o'n gwrid ni.

Ni thâl unwaith i lenor
O gael ei dwrn drwy gil dôr,
Oni ddaw ias campau ddo'
Yn nilèit dod nôl eto?

I wlad dlawd o deledu
Daeth dy wên, a daeth i dŷ
Un i'w heilunaddoli,
Selèb y noswyl yw hi,
S4C sy'n secsi
O'r andros o'i hachos hi.

Rhown i'r wybren eleni
Yn rhwydd dy enwogrwydd di,
Hen ddawn newydd ein hawen
Yw y *star* o Luest Wen.
Yn Heol Awst neu'n Hollywood
Enw propor yw Hopwood.

'Does ryfedd fod tonfeddi
Y wlad o hyd ar d'ôl di,
Heb dy odlau'n y gaeaf
Ni ddôi'r haul, a byddai'r haf
Yn hanner gwag i ni'r gwŷr
Heb Hopwood yn y papur.

Aeth hi'n arfer gan werin
Groesawu gwraig ar y sgrîn,
Aeth rhan o lwyfan y wlad
Yn eiddo'i hargyhoeddiad.

I DALU DYLED

(dros y Nadolig)

I Hywel haleliwia!
Daeth y dydd, pob bendith da,
Y dydd y cei dithau dâl
A gogoniant am gynnal
Y bardd isel ei elw,
Euraf y llanc ar fy llw!
Wele siec yn anrheg hwyr
Ddi-oed a lenwodd adwy'r
Hen gwynwr yn ei gyni,
Cymer y siec o 'mhwrs i,
Mwydra hi, cer â'i am dro
(Nid aml y caiff neb deimlo
Papurau siec o'r pwrs hwn,
Ac rwyf sicir, fe'i sieciwn!).
Mae'n bryd i dalu dyled,
Dal cell o logell ar led,
A sŵn gair sy'n agoryd
Cell fu'n gloëdig cyhyd.
Dyled am baced o bys
Ac am wisgi, am esgus,
Dyled am gadw delwedd
A dyled am yfed medd.
Fe'i talaf it olaf o hyd
(Ar fraw fel arfer hefyd)
Ond eleni adloniant
A gei er hyn efo grant
O brint banc – braint i bencerdd
Yw dofi'r gost efo'r gerdd
(A gyda hi i'w feddwi fo
Grows Enwog rois i yno).
A fu'n noddi cwmnïaeth
A haeddo gerdd, y gerdd gaeth,
A siec fain deugain a dwy
O wrid i lenwi'r adwy.

I GARMON YN DDWY AR BYMTHEG

Mae Garmon yn fwy mwyach,
Yn frwd ei beint am frawd bach,
Yn is ei lais a'i helô'n
Barotach ei *vibrato*,
Ac yn uwch, glogwyn uchel,
Ei big o i bawb a'i gwêl.

Fel rhyw Denzing bu'n dringo,
Tyfai'r dyn at ei frawd o
Yn uchel i'm lefel i
Bron iawn (mae'n brin ohoni
Lan uchod, yn anffodus,
Ewyn ar beint, hanner bys!).

Mynd i'w ystafell bellach
Heb ofn y nos mae'r brawd bach,
Mae'n mynd rywfodd heb roddi
Ei law fach i Leila a fi.

Mae'r meistir corn ar gornet
Ar siwrnai, mi fentra'i fet,
Yn troedio trwy ei redyn
Trwy ei wers cornet er hyn,
Yn y grug a'r awyr iach
Ac ar garreg ragorach.

Yn ufudd i'r mynydd, mwn,
Â direidi cyd-droediwn
Un-deg-saith dy daith dithau
Yn llociau pell y copâu,
Ddaearyddwr a'i wreiddiau
Direidus erys yn iau
I ni'n dau, yn iau o hyd,
Yn anufudd hŷn hefyd.

I OSIAN RHYS YN UGAIN OED

Mae acen lawen ar led
Uwchlaw y llif i'w chlywed,
Acen ifanc yn Nyfi'n
Gymysg â'i hen acen hi,
Ond tir oer yw tir y rhain –
Tir Na nÓg yw troi'n ugain!

Wyt ewinedd rhwng tannau
Fy iaith, a hithau'n cryfhau
A thynhau ei thiwn yn ôl
Acenion cainc wahanol
I'r arfer, cainc hyderus
Yn ddrud i feirdd ar dy fys!

Plycio iaith fel pluo cainc,
Pluo eurgord plu hirgainc,
Tynnu'r eurblu â hirblwc,
Pluo iaith a magu plwc.
Y nodyn yw'r hyn ydwyt,
Tôn Cerdd Dant yn cerdded wyt.

Rhyw awr ddi-haul ar ddi-hun
Yw dy awr, y dihiryn!
Dy ofid dros hen, hen oes,
A gofid sy'n troi'n gyfoes
Yn dy hen Forgannwg di,
A daw'n ofid yn Nyfi.

Mae yn llun dy delyn di
Le i ddwylo waddoli
Ein hanes, nid gan henoed,
Ond gan un ond ugain oed.
Osian Rhys, ein heriwr wyt,
Un Rhys arswydus ydwyt!

CHWAER

Iddynt hwy, un o ddoniau tawel iawn
Yw hi, un fel angel
Yn ei gwaith, ond mi a'i gwêl
Yn flêr ifanc fel rhyfel.

I ENDAF MORGAN

(i ddymuno'n dda i gyfeilydd Côr Ger y Lli)

Boi gwerth chweil ei gyfeiliant, – coch, heini,
Boi handi yn bendant,
Ac efô, er bygro bant,
Yw allweddwr ein llwyddiant.

I IWAN AC ANGHARAD

(wedi iddo ofyn iddi ei briodi mewn englyn ar Radio Cymru)

Mae'n arwydd ichi lwyddo, – nid ym Mwnt,
Nid ym Monte Carlo,
Nid ym Mharî, ond ym Mro
Cynghanedd ddyweddïo.

I JIM A DYLAN
(Castell Newydd Emlyn, Tachwedd 2007)

Yng Nghymru fach yr achau – llwyth Salisbury,
   Gyfenw unig, yw fy un innau,
Ond i eraill mae'n stori wahanol,
   A hawl y bobol (i bawb ei hobi)
Yw olrhain, lawr a nôl lan, eu hachau,
   Gan enwi neiniau ac ennyn anian
Yr holl lwyth, o'r lleia' hyd y mwya',
   Hyd Adda ac Efa a Dyddgu hefyd.
Mae un gang nad oes angen ei henwi,
   Ei menter hi yw sementio'r awen
Â'u genynnau, gan uno barddoniaeth
   Â hen waedoliaeth sy'n mynnu deilio,
Deilio'n yr holl ardaloedd o Arfon
   I dir Is Aeron ar draws y siroedd,
Ac am fod eisteddfodwyr yn ei thîm
   (A'i diawlio hi mae rhai cystadleuwyr!)
Awn ni i Gastell Newydd i weld dau
   O'i haelodau yn un o'i haelwydydd,
Dau o dras â dau drysor rhyngddyn nhw,
   Dau gog a hwntw, lleisiau dau gantor,
A gweld tair o gadeiriau, tair coron,
   A Lleu a Gwydion yn eu llygadau.
Os anial y gors yn Nôl-goch, os llwyd,
   Yn gaer o annwyd, ailagor ynoch
Led y pen mae clwyd y pyrth – ac nid llai
   Yw awen y nai yn nhŷ ei ewyrth;
Yn lle aelwyd Llywelyn rhydd Parc Nest
   I awdl a phryddest ei le, a phriddyn
I wreiddio lle bu colled, a chywydd
   Yn lle un Dafydd yn llwyni Dyfed,
Ac awn ni, dan lwgu'n awr yn Nhachwedd,
   I ganol y wledd i ddatgan o lawr
Y neuadd mai prif waddol eu tylwyth
   Yw gwneud o lwyth awen genedlaethol.

I'N HARCHDDERWYDD NEWYDD NI

Pwy yw'r un heb gamp ar ôl
I'w hennill, pwy'n wahanol?
Pwy'r un heb ei gap prynu
A'r goron bengron lle bu?
Pwy'r un heb getyn i'w geg
A'r un o dan Ddwyfronneg?

Pwy sy'n ddyfal ofalus
Am gleddyf, llawryf a Llys?
Pwy gefn gwlad â'i siarad siŵr
Yn perfformio? Pwy'r ffarmwr
Yn ei legins â'i glogyn
Yn is a'i welis yn wyn?

A phwy'r un o ddyffrynnoedd
Teifi sy'n gweiddi ar goedd?
Yn ei araith mae'r saith sill
A sŵn llais un lluosill.
Pwy â'r acen sy'n procio
Acen y Cilie'n y co'?

Pwy sy'n dal Teyrnwialen
I gwrso gyr y wisg wen?
Pwy yw'r un sy'n denu praidd
I gylch y maen gwyngalchaidd?
Tipi foel 'tai pafiliwn?
Tent Iolo ddewisodd hwn.

Dic yr Hendre'r Archdderwydd,
Cardi a'i waedd uwch Caerdydd.
Cyweiniwn ni'r caeau'n awr
I anfon ysgub enfawr,
Llanwn Aberthged Medi
Â chnwd ein holl ddiolch ni.

DAFYDDAPGWILYM.NET

Yn y co' plannwyd cywydd – i dyfu'n
    Ystafell i Forfudd,
  O gainc i gainc pery'r gwŷdd
  I dyfu o dŷ Dafydd.

I ANDREA PARRY

(ar ennill Coron Eisteddfod Llanbed 2003)

Yn nherfyn haf trefnwn ni – un ysgub
    Ysgafn a chaboli
  Rheffynnau aur ei phen hi
  Yn rhwym dyner amdani.

Y BARDD A'R BRAWD DU

Dros Galan es allan i
New York a'i *sidewalks seedy*,
Mas i'r ddinas rwydd honno,
Gadael Cymru drymllyd, dro,
A ffoi o go'r sglaffio i gyd
I Efrog Newydd hyfryd.

Es i a Rhi i bob rhan
O'r dref, reit draw i hafan
Ynys Ellis, i wylio
Lady Liberty a lol
Times Square, i brynu fferins,
Cael *subway* i'r cei a Queens.
Moyn *hotdog* ym Manhattan,
Fferru'n gorn a phrynu *gun*.

Yna wedyn, cyn canu
Yn iach i'r ddinas yn hy,
Un lle arall i wario'n
Holl arian da'n ei weld o,
Un adeilad â heulwen
Budur y byd ar ei ben –
Empire State yn gampus stond,
Hir uchelstiff dŵr chwilstond.

Cyn mynd i'r brinc, fel King Kong
O ddyn, es oddi yno'n
Gynnil iawn o ganol lôn
Y ciw hir, lawr i'r cyrion
At arwydd y West Restroom
Am dro, ac yno'n cnoi gwm
Yn un o'r coridorau
Gwelwn i ŵr yn glanhau.

I like your hair, man. Hanner
Troi wnes i mewn trans. Ai her
Oedd hyn? Ai rhyw ddiddanwch
Yn y tir hwn oedd gweld trwch
Mawr iawn, fel yng Nghymru, o wallt?
A ydoedd fy arswydwallt
Eto fyth, cystal twf yw,
Yn eilradd i'r ddynolryw,
Yn gyff gwawd, yn gwiff i gael
Ei wawdio cyn ymadael?
A oedd cri yr *homie* hwn
Yn weniaith hy o Annwn?
A oedd y brawd yn gwawdio?
Ai comig ei Eurig o?!

Y llanc! Ond cyn codi llais
I'w ddiawlio . . . sylweddolais
Mai cyfarch o barch y bu,
Annog â'r geiriau hynny –
Roedd ganddo fo affro fawr,
Tywyllberth anferth, crynfawr!
Dau fab o'r un un stabal
Yr own ni, styds o'r un stâl –
Pencampwr oedd y gŵr gwych
Ar fagu gwallt rhyfygwych,
Ei ddiwyg oedd ei awen,
Celfyddyd byd ar ei ben.

Er, thanks, man. A diflannais,
Es nôl lan o sŵn ei lais.
Chi'r Cymry'n dirmygu'r mwng,
Ti'r Yanky'n tyfu tewfwng,
A'i dyfu fel pendefig,
Mawr dy her i Gymry dig!
Es i'r lifft yn siriol iawn,
I fyny ar fy uniawn
I ymuno, am ennyd,
Â'r heulwen uwchben y byd.

CÔR

Ac yn y côr angorais
Yn ei lli freuder fy llais,
Angori llong er ei lles
Fel llong dan ofal llynges,
A chyrraedd adref hefyd
I'r dŵr bas o fwrdro'r byd.

Ac yn nŵr yr harbwr hwn
Rhof f'argraff ar fae hirgrwn,
Yn y mwrin rwyf innau'n
Un o'r bois yn nŵr y bae;
Clywch y côr yn angori'n
Ddwfn iawn yn ein gyddfau ni.

A dônt i'r oed yn eu tro
Yn y swnd yn gresendo,
Harmonïau'r menywod
Yn taro'n uwch tua'r nod;
Cytûn pob un yn y bae
A lluosog ein lleisiau.

Ond er mynd i'r aria mau
I angori fy ngeiriau
Rwy'n diolch, ar haen dywod
Y waun hon, wrth gyrraedd nod
Pob descant, na wyddant hwy
Fy unawdau ofnadwy.

MYND AM DRO

Deuthum o hyd i'w thŷ ymhell
O'r ffordd, ar y ffin anghysbell
Rhwng gwybod a gwybod gwell,
Hen dŷ cynnes mewn cesel
O fawnog ar fynydd rhy dawel,
Sŵn cigfrain
        a *sign*
            For Sale.

Y FRO GYMRAEG

Lle mae hon a'i llumanau?
Lle'r winllan o Ganaan gau?
Acw mewn lloc ym Mhen Llŷn?
A yw'r muriau ym Merwyn?
Corlan flin welaf innau
O fewn Cylch o feini cau.

'Llawn baw yw ein gwinllan bur!'
Hwn yw'r rhu sy'n yr awyr
I'w glywed nawr, er gweld neb,
O'r geto'n garreg ateb,
Lleisiau main sy'n atsain nôl
Yn frefu lleiafrifol.

Brefwn benben dros lenwi
Corlan wag, cwerylwn ni,
Cawn ein hel mewn cornel cae,
Clafychwn mewn cilfachau,
A'n didoli'n ni a nhw
I bori bob o erw.

Lefelwn fur y purydd
O Geiri deg i Gaerdydd!
Mae encil lom yn culhau,
A llefaru'r holl furiau'n
Cyfyngu cof ehangach
Na byd y 'cadarnle' bach.

FFIN

Tŷ yr Hendwr. Lle trendi
Yn y wlad lawr rhyw lôn,
Lle inni rhyw aros iddi nosi.
Fi a ti. Tyddyn tawel
Mas o'r ffordd, amser ffwrdd
O'r cawdel. Dim rheithgor. Dim ond gorwel,
A ffenest fach, a bachyn
Dros y drws, a dreser
A brethyn wedi'i weu.
Tyrd cariad, un penwythnos.
Rhyw ddwy noson yn y wlad.
Dyma lun. Dim tystion
Na brys na ffacsys. Rho ffôn.

—

Hei.
Fyddai'n gorffen ddydd Gwener am un
I gymoni'r mater
Ar unwaith gyda'r crwner,
Cyn boddi'n flin ac yn flêr
Yn nŵr y bath yn hanner byw. Felly
Falle nad peth eilfyw
Fel y fi'n troi'n eirin yw'r
Peth gorau i'w ddangos. Noson fewn i fi
Dwi ofn, fidio wirion
A swig o win yn ddigon.
Dau fys i'r ffacsys!
Rho ffôn.

—

Hei,
Dwi'n deall . . . ond yn dawel – i'r Tŷ,
Gyrru tua'r gorwel,

C'mon cariad, cawn ni adel
Hen sŵn y ddinas a hel
Ein pac i'r gorwel acw – i droedio'r
Rhedyn a'r graig arw
Yn araf fesul erw,
Araf fel llais, ar fy llw,
Yr ehedydd, a throedio neuaddau'r
Llonyddwch sy' yno.
Daw rhyddhad filltiroedd o
Bob dim â dim ond ymyl – y gorwel
Agored ar gyfyl
Y lle, acw, mewn cwm cul.

—

Wrth i'r ddinas ruthro oddi yno – o ganol y ffenest ôl – â'n
dwylo'n cyffwrdd croen, daeth y cyffyrdd cryno i'n cwrdd.
Ac, ar ras, cerddi o groeso – enwau dieithr yn duo bryn a
phant – inni a roesant, a ninnau'n rasio i gwrdd â'r garreg
werdd ar y gorwel, lle dôi yr awyr mawr llwyd a'r awel
ynghyd â daear yn gyfyng dawel. I'r uniad uchod yr o'n
ni'n dychwel. Ni ein dau eto'n diwel ein hawydd o'r newydd
ar weunydd prydferth, anwel.

Cerddodd y car a'i waedd i aceri y waun a'i brain. Nid
oedd llwybyr inni. Nadreddodd ei hen olwynion drwyddi
am y tro olaf yn araf i ni. Ar y waun wyllt cyrn yn hollti'r
gorwel a welais, Tŷ anwel is y twyni o fawnog brown dan
faneg y bryniau. Camu o'r car am bedwar, a'n bodiau bach
clo yn cau cydio'n y clicedau. Cau drws, troi cadair a setio'r
cydau o bren stoc a hen dociau i bwyso, a ninnau'n suddo
i mewn i'n seddau.

—

Tŷ yr Hendwr, mae'n bwrw rhyw ias oer,
Ias hiraeth am erw
Gymreig, wâr, am dir garw

Yn gaddug yn y gwddw.
Deimli di'r hiraeth dywed? Glywi di'r
Hen stori ddiniwed
Ar y sgiw am y giwed
A fu'n byw efo Duw, dwed,
Yn treulio tir eu haelwyd – wrth eu gwaith,
Wrth eu gwaith diarswyd
Yn llyfnhau'r llechweddau llwyd,
Yn llafnio lle nas llyfnwyd?
Dwed, Elen, glyw di'r henwr yn adrodd?
Edrych, gwêl yr herwr
A'i wrando. Tŷ yr Hendwr.

Comic yw'r unig henwr – glywaf i
Yn glaf iawn ei gyflwr
Yma heno, ameniwr
I bob ddoe ac echddoe, gŵr
Â'i eiriau fel ei orwel, – er ar bwys,
Yn rhy bell i'w gafel.
Gwelais lechwedd oer heddiw, a mawnog
Cwm unig ac unlliw,
Enillais gip, yn lle sgiw
A rhyw fwthyn, ar fethiant a chyni.
Rhwng chwyn ebargofiant
Ac awyr bur gwelais bant
O orwel diawel, du drwy'r ffenest,
A'r ffin honno'n gwasgu
Ei rhaniad hir i un Tŷ.

Bref. Sŵn brefu
O bell lle bu
Dim sŵn, dim si.
Tawel. Tewi.

Ond Elen, ma'n dawelach yn y mawn
Nag ym myd cyflymach

Y ddinas fawr, front, frasach –
Yn y grug a'r awyr iach
Dwi'n clywed, yn Nhŷ claear yr Hendwr
Yr undod rhwng daear
A nef, ac mae'n gartref gwâr . . .

Bref. Sŵn brefu
O bell, lle bu
Dim sŵn, dim si.
Tawel. Tewi.

O taw wnei-di? Ti'n neidio o syniad
I syniad ac eto
Yn suddo yn is iddyn'. Mae'n nosi,
Ac mae'n haws gwarafun
I'r ddinas ei rhwyddineb a'i berw'n
Y bore . . . paid ateb,
Bydd dawel, tyrd i'r gwely o'r diwedd!
Rhyfedd. Glyw di'r brefu?

———

Gwelaf orwel y gwely
Fel gorwel bûm yn gyrru
Ato i weld simne'r Tŷ.

Rhyngof a'r tir ehangach
Hwnnw mae sŵn addfwynach
Elen, sy'n anadlu'n iach.

Ei hysgwydd hi sy'n esgyn
Yn ysgafn ac yn disgyn
Yn ôl i ganol y gwyn.

Ysgwydd fu gynnau'n llosgi
Ac anadl fu'n llosg inni
Yn neuawd y cnawd, cyn i'r
Amrannau marwor hynny
Ailorwedd a chlaearu,
Ac adfer pleser y plu.

Gynnau fu hynny, duodd
Y waliau a dychwelodd
Yr eisiau, minnau'r un modd,
Ei Rhufeiniwr wyf innau'n
Gorwedd ar wastadeddau
Cynfas sy'n deyrnas rhwng dau,
Ac o yrru mae'r gorwel
A welaf o fewn gafel
Ewin bys, i'r neb a wêl.
Chwalaf y cwilt a chelu.
Ond dros orwel y gwely
Mae gorwel tawel y Tŷ . . .

Bref wag. Agos.
Yn nu y nos.
Bref yn crefu

Yna dim bref.

Dim adlef mas ar wair y waun.
Dim sŵn dinas.

Af i'r ffenest ac estyn
Am y llenni meillionwyn,
A rhythu i fewn wrthyf fy hun
Drwy'r paen ar y waun anwel,
A gweld düwch gwlad dawel,
Gynnar. Ac ar y gorwel,
Llinell wan y lle unig

Rhwng golau'r sêr a'r cerrig.
Llinell y waun bellennig.

Ac arni hi, ie, yn nüwch y nos –
Dwy nod yn ddieithrwch,
Dau olau yn ddirgelwch,

Dwy lygad.

Dawel. Agos. Yn rhythu
O'r eithin cyfagos
Arnaf i. Yn oerni'r nos.

Dal fy anadl wyf innau. Yna dal
Yn dynn, dynn wrth ddechrau
Rhyw asio i lawr y grisiau
At y drws, a'r drws yn drwm wrth i mi
Rythu mas yn wargrwm
I'r cwm.

—

Dihunais yn ddiarwybod yno. Dim sŵn dinas, dim sŵn,
ond dihuno. Cyn deall sŵn arall, a synhwyro ei fynd o'r
gwely. Rhywbeth yn curo islaw. Ai'r drws? I lawr, dro, i
aros ar drothwy'r rhos ac aros i'w guro lonyddu. Ond acw
drwy y düwch y tu allan, o byllau'r tywyllwch, dros orwel
y tawelwch, dôi ei waedd. A llenwai ei waedd yr holl
lonyddwch.

Gwaedd. Gwaedd. Gweiddi.
Dy waedd wyllt di.
Sgrech

Yna dim sgrech. Dim ond gwaun segur, oer.
Yna rhwng y sêr a'r cerrig
Dau olau a welais.

Dwy lygad yn cadw
Eu pellter ar wacter y waun.
Yn aros.

Agosáu.

Cau drws, troi cadair a setio'r cydau
Yn ei erbyn, yn erbyn y waun,
Cloi cliced
Y drws, llusgo dreser
Ar ei draws, dreser
Drom, a'r drws
Yn ysgwyd, tasgu,
A'r bollt yn hollti,
Y Tŷ yn crynu.

I fyny, i fewn
I'r stafell, i'r gell gau
A gweld drwy'r gwyll
Y llenni meillionwyn
Ar agor, gweld y gorwel
Drwy'r ffenest yn estyn
Yn ddu, ond yn dduach
Rhyngof a'r tir ehangach
Ryw ffurf hen.

Rhwygodd braich wen drwy'r ffenest.
Rhwygo'n deilchion dwll
Yn y mur, curo'r
Estyll a bostio'r
Ffrâm a'i phren,
Ergydio'r gwydyr,
Torri edau'r trydan,
Tân yn y Tŷ.

Estyn am astell
O afel y grafanc,

Cydio. Ergydio. Gwaedu,
A thwrw mawr wrth i'r min
Gnoi ei gnawd
I ffwrdd o'i gorff o.

Yna tawelwch yn nhywyllwch y nos.

—

Tŷ yr Hendwr. Cartre' undydd. Annedd
Unig ar y gweunydd.
Wele fflamau dechrau'r dydd.
Tân a aeth drwy'r Tŷ neithiwr. Druaned
Yw'r waun lle bu'r Hendwr.
Dim Tŷ ar ôl, nac ôl gŵr.

Mud ei weunydd amdano, – ymunodd
Â'r mawnog, ac eithrio
Dagrau du ei gariad o,
Ac o'i fawnog af innau. Nid heb weld
Ar lawnt bell lond haenau
Ôl traed trwm yn y cwm cau.

Mae llwybyr im lle bu'r rhos yn orwel
Garw, yn fedd agos.
Llwybyr o anallu'r nos
I'r ddinas oer, ddi-waun sydd ar orwel
Hir arall a dderfydd
Lle cwyd y wawr enfawr, rydd.